中国航天材料与工艺奠基人——姚桐斌

姚桐斌

上图／1949 年，为庆祝新中国成立，姚桐斌（右一）与留英同学在宿舍合影

下图／姚桐斌在英国学习

上图／1953 年，姚桐斌（右四）在英国帝国理工学院获 D.I.C 学位

下图／姚桐斌在亚琛住处留影

上图／姚桐斌与德国儿童合影

下图／姚桐斌在科研作风展览会上发言

上图 / 姚桐斌与彭洁清

下图 / 姚桐斌、彭洁清与姚微明

上图／1959 年，姚桐斌在家中阳台与母亲、弟弟、妹妹、妻子及大女儿合影

下图／姚桐斌全家福

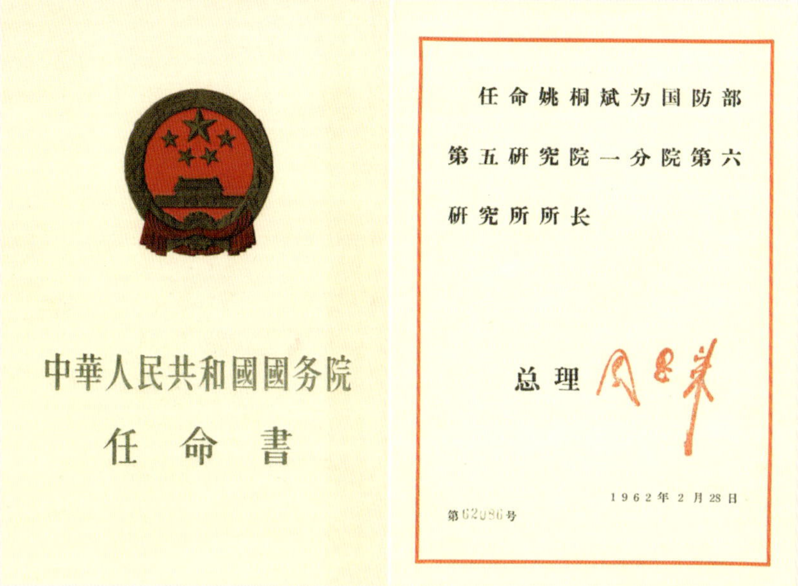

中華人民共和國國务院

任 命 書

任命姚桐斌为国防部第五研究院一分院第六研究所所长

总理 周恩来

1962年2月28日

第62086号

上图／由国务院总理周恩来签发的对姚桐斌的任命书

下图／ 2007 年，航天材料及工艺研究所召开追忆姚桐斌座谈会

上图／航天材料及工艺研究所青年科技人员参观姚桐斌故居并宣誓

下图／无锡市第一中学校长陈曦带领同学们访问姚桐斌故居

中国航天材料与工艺奠基人
——姚桐斌

姚微明　著

中国宇航出版社
·北京·

图书在版编目(CIP)数据

中国航天材料与工艺奠基人：姚桐斌 / 姚微明著
. -- 北京：中国宇航出版社，2019.10
ISBN 978-7-5159-1586-9

Ⅰ. ①中… Ⅱ. ①姚… Ⅲ. ①姚桐斌(1922－1968)
—传记 Ⅳ. ①K826.16

中国版本图书馆 CIP 数据核字(2019)第 216868 号

责任编辑　马　喆　　**装帧设计**　宇星文化

出版 发行　中国宇航出版社

社　址　北京市阜成路 8 号　**邮　编**　100830
(010)60286808　(010)68768548
网　址　www.caphbook.com
经　销　新华书店
发行部　(010)60286888　(010)68371900
(010)60286887　(010)60286804(传真)
零售店　读者服务部
(010)68371105
承　印　三河市君旺印务有限公司

版　次　2019 年 10 月第 1 版
2019 年 10 月第 1 次印刷
规　格　787×960
开　本　1/16
印　张　12.75
字　数　120 千字
书　号　ISBN 978-7-5159-1586-9
定　价　50.00 元

本书如有印装质量问题，可与发行部联系调换

序

水之不竭，以其有源，木之不拔，在其有本。姚桐斌作为中国航天材料工艺的奠基人，为中国航天材料事业的发展，为祖国的“两弹一星”事业作出了突出贡献。

“我回来不是为了地位和金钱，而是为了把学到的知识贡献给祖国的建设。”回国十一年间，姚桐斌高瞻远瞩，以“做到今天，准备明天，想到后天”的大格局，领导和参加了数百项课题的预先研究和研制，成功地解决了导弹研制过程中的一系列难题，开创了全国协同研制航天新材料的局面。

姚桐斌是造诣卓著的科学大家，1961 年他所著的《研究工作方法》阐述了材料工艺领域科学研究方法的精髓，成为航天材料及工艺研究所宝贵的知识和精神财富，至今仍对我们的科研人员具有重要的指导意义。

“鞠躬尽瘁为航天，德昭日月感后人。”我们将永远铭记姚桐斌先生。

中国工程院院士

航天材料及工艺研究所所长

前言

在本书出版之际，我首先要感谢中国工程院院士、航天材料及工艺研究所所长李仲平为本书作序。几年来，航天材料及工艺研究所党委书记张民一直鼓励我将博客内容编辑成书，给了我信心和动力。冯莉丽处长时时与我联系，看到她的短信，我感到温暖在心。

航天材料及工艺研究所于2007年编写了《一片丹心照汗青：中国航天材料工艺奠基人姚桐斌》一书，系统记载了姚桐斌为航天事业作出的贡献。我在编写本书过程中，选取了此书的部分内容，在此表示感谢。

我母亲彭洁清一生致力于宣传父亲姚桐斌的爱国之心和对航天事业的贡献，她和高智编写的《航天情，永远的眷念》，为本书提供了大量素材。

江苏省无锡市锡山区东港镇红豆集团和东港镇人民政府，在得知我的出书计划后，当即表示支持和资助，在此深表感谢。我将牢牢记住家乡领导和人民对我的关心和爱护。

我父亲的母校无锡市第一中学和江苏省怀仁中学也都为本书的出版给予了大力支持，在此表示深深的感谢。

神舟六号原副总指挥，现上海科学院院长、党委书记秦文波在我编写博客时，经常提出建议，使博客内容达到了一定水准。

锡山区原副区长黄宪辉建议我在写博客时图文并茂，这也得到了读者的肯定。我在编写本书时采用了她的建议。

我母亲生前好友尹正和尹旌为也对本书的出版给予了协助。

我妹妹姚晨芳擅长写诗和绘画，她以此形式纪念父亲姚桐斌，为我的书增色不少。我堂妹姚敏苏擅长写作，我引用了她的博文，在此表示感谢。

我也要感谢广大的读者。你们敬重和怀念姚桐斌这位为中国的强大、中国航天事业的强大奉献了一切包括宝贵生命的科学家，你们在发扬和传承他的爱国精神。我的心永远和你们在一起。

姚微明

2019年夏于北京

目 录

引言　我童年记忆中的父亲姚桐斌

我敬爱的父亲姚桐斌已经离开我们五十一年了，但我深深地怀念他。他不仅是一位慈爱的父亲，也是一位为中国迅速发展、为象征我国国力的航天事业作出了巨大贡献的科学家。他值得我们永远怀念。

父亲离开我们的时候，我只有九岁半，但这九年多，是我一生中很快乐的时光。虽然他是一位非常忙碌的大科学家，但十分疼爱我们姊妹三个，很希望我们也能成为有作为的人。我上小学的时候，父亲对我的学习十分关心，每学期期末老师发成绩单时，他都很认真地在上面签字。如果我语文、算术得了双百，他一定会表扬我。成年后，我取得了博士学位，成为一名教育工作者，与父亲从小对我的鼓励和教育、督促我上进、培养我的自信心是分不开的。

父亲拥有很多的书，放在好几个大书架上，有中文的，也有外文的，大部分都是精装书。记得我小时候，最爱做的一件事就是翻看这些外文书，虽然看不懂文字，但书里丰富的插图对我很有吸引力，我能看得兴致勃勃，父亲看到我这么感兴趣，就耐心详细地给我讲解。现在回想起来，父亲是在有意识地培养我的好奇心，这促进了我成年以后不断看书学习，增长知识和学问，成为一个积极上进的人。父亲在国外学习和工作时，有机会到欧洲各地旅游，制作了很多幻灯片。他常常在家里给我们放这些幻灯片，向我们几个孩子展示了一个丰富多彩的世界。从那时起，我就十分渴望长大以后，自己也能去这个广阔的天地走走。

在 20 世纪 60 年代，我家就有电视了。逢年过节，父亲就邀请他的同事们来家里一起看电视，他还买糖果分给大家吃。我们姊妹几个也一起凑热闹，十分开心。父亲的同事结婚，如果暂时没有合适的房子，他就会邀请同事在我家举行婚礼。如果同事住房有困难，父亲又会腾出我家的一间屋，让他们来住。现在回想起来，父亲虽然是一个有地位的人，但对同事和部下是十分尊重和爱护的。更重要的是，父亲以身作则，教会了我们几个姊妹要有爱心，要无私待人，这对我们以后的成长起了很关键的作用。父亲虽然只与我共同生活了九年，他对我们的爱和培养却是刻骨铭心的。

六年前，我母亲去世后，留下了很多资料，有父亲的手稿、文件，纪念他的文章，同事和同窗的回忆以及生活照片。我已将这些珍贵的资料无偿捐献给江苏省无锡博物院以及黄土塘村的姚桐斌纪念馆，黄土塘村的姚桐斌纪念馆是由无锡市锡山区人民政府在我父亲的故居修建的。

我在整理这些珍贵的资料时，对父亲的工作又有了更多的了解。比如，我得知父亲在担任航天材料及工艺研究所所长以后，开展了五百

姚微明向锡山区档案局赠送姚桐斌文献

无锡市锡山区人民政府筹备修复姚桐斌故居（左一为东港镇原党委副书记徐志军，左二为锡山区人民政府原副区长黄宪辉，左三为彭洁清，左四为无锡市博物院征编部原副主任肖根荣）

2005 年 9 月，姚桐斌故居修复开放仪式

无锡市第一中学校长陈曦带领同学们访问姚桐斌故居

多项科研项目，这些项目大多取得了重大突破，对我国航天事业的发展起到了巨大的推动作用，从而更加坚定了我为父亲写书的决心。

这本书是基于我 2016 年至 2018 年在新浪上登载的博客改写而成的。我写博客的初衷是让全国人民真实地了解我父亲伟大和积极的一生。我想要告诉大家，我们不应该只知道他生命中的一部分事迹，更应该知道他挚爱祖国、挚爱人民全部的光辉的一生。为了让中国强大、中国航天事业强大，他甘于奉献一切，包括自己宝贵的生命。他是一个强者。如同其他第一代航天人一样，他的名字也列入共和国科技开拓者的名册当中。我希望全国人民永远能这样记住他。

我们国家今天有了泱泱大国的地位，不被人小觑，正是因为从新中国成立初期起，我们就有了象征国力的导弹和火箭，使我们挺起腰杆，自豪地做中国人。姚桐斌等“两弹一星”功勋奖章获得者，为中国航天事业的起步作出了巨大贡献，他们是航天人的楷模，激励我们在今天中华民族的伟大复兴路上，勇于直面霸权主义的威胁和挑战，坚决地捍卫祖国的尊严和地位。

航天材料及工艺研究所青年科技人员参观姚桐斌故居并宣誓

近些年来，国家对我父亲为中国航天事业的起步作出的巨大贡献给予了充分的肯定，授予他“两弹一星”功勋奖章。作为他的后人，我一定要将姚桐斌的奉献精神传承下去。我也希望全国人民对父亲的贡献有更多的了解，并永远怀念和敬重这位高尚、优秀的科学家。

姚桐斌

——中国航天材料与工艺奠基人

第一章

艰难求学

1. 我要上学

1922 年 9 月 6 日，姚桐斌出生在江苏省无锡市黄土塘村一个清贫的家中。

黄土塘村是个古村。据姚家家谱记载：姚家这一支的先祖，是明代末年由皖南迁徙而来的。姚氏先祖在这片荒芜的塘边落生，造屋修路，繁衍生息，此后姚家的世代都在这苏南著名的鱼米之乡，勤劳地过着耕读传家的生活。

姚桐斌的父亲姚世晋年轻时当过长工，每天面朝黄土地辛勤劳作，用“汗珠子掉地上摔成八瓣”来形容姚世晋这个旧社会长工含辛茹苦的日子一点也不为过。虽然日子过得异常艰辛，但姚世晋心灵手巧、勤劳节俭，在他的努力下，他盖起了两间属于自己的房子，并顺利地娶妻生子。姚桐斌的母亲是典型的中华传统妇女，勤劳善良，坚韧不拔，不仅养育了五个子女，还要每天忙着操持家务，养蚕贴补家用，同时帮衬着丈夫做生意，一到晚上两只小脚常常累得浮肿。姚桐斌自从中学离开家后，与母亲聚少离多，他心里十分惦记着自己这位含辛茹苦的母亲，也深深因为自己为母亲做得太少而感到内疚不安。

时间过得很快，姚桐斌到了该上学的年龄。虽然在姚世晋和妻子的共同努力下，家里的境况比以前稍有改善，经济宽裕了些，但是姚世晋并不支持子女念书，他有一句口头禅叫做“学堂，学堂，学懒堂”。出于做生意需要子承父业的考虑，他勉勉强强地把自己的大儿子姚洪斌和二儿子姚桐斌送进了黄土塘小学。姚桐斌的妹妹姚素珠一直记得，每次姚桐斌找父亲要学费都异常艰难，虽然姚桐斌毕恭毕敬地站在父亲面前，不停地苦苦哀求，但姚世晋却闭着眼睛叼着烟斗，始终一言不发，以一副冷酷的表情回应儿子的请求。

就这样磕磕绊绊，1934 年，姚桐斌从黄土塘小学毕业了。虽然姚桐斌只是一个乡下的孩子，没有去城市见过大世面，书本却向他展示了一个全新广阔的世界。他满怀信心地准备继续读初中、高中甚至大学，怎奈姚世晋认为儿子粗通文墨就行了，他决定让小学毕业的二儿子像大儿子一样，成为自己生意上的帮手。听到姚桐斌不能再上学的消息后，黄土塘小学的校长很为他惋惜，特意几次来到姚家，劝说姚世晋：“我当了这么多年校长，像桐斌这样的学生实在难得，不上中学真的太可惜了！”姚桐斌的哥哥也非常理解弟弟想继续上学的心愿，不断为弟弟向父亲求情。最后，姚世晋终于同意让二儿子报考中学，继续读书。

姚桐斌如愿以偿地考入无锡县立初级中学（现无锡市第一中学），成为黄土塘村的第一名中学生。

俗话说：“三岁看小、七岁看老。”姚桐斌从小就表现出的强烈的求知意愿，展示了他后来一生乐于在知识海洋中遨游的性格。

2. 无锡一中

在无锡一中学习期间，姚桐斌质朴、坦诚、踏实、勤奋的品质，给老师和同学们留下了深刻的印象。从他简朴的生活和衣着上，大家能看得出他的家境不大好，但是他各科的学习成绩却总是名列前茅。校长李冠杰是毕业于上海圣约翰大学的高才生，英文水平很高。他总是亲自授课，对学生要求极严。他经常叫学生在课堂上当众背诵，别的学生都怕得不行，姚桐斌却毫无畏惧，因为他早就背得滚瓜烂熟，能把整篇文章在课堂上一字不漏地背下来，因而被先生树为全班的楷模。

姚桐斌从那时起，就展示了强烈的求知欲和好奇心，他在无锡一中的同学裘懋勋是这样描述他的："我们的物理老师是法国留学回来的。他跟我们讲二十一世纪猜想，到那时什么都有，打仗都不需要人了，实际上讲的就是现在的火箭、原子弹。我们听了以后，觉得奇怪，但想想就算了。姚桐斌就不同了，他去问先生，‘你怎么知道的呀？’他从小就喜欢这样，不懂的东西都要弄清楚。”

从少年时代起，姚桐斌就养成了任何困难都不能阻挡他学习的顽强精神。他在无锡一中的同学王撰回忆说：“学校的作息时间很严，教室晚上9点熄灯，寝室9点半熄灯。遇到考试，姚桐斌和我就在路灯下苦读。”

乍一看，姚桐斌好像是一个死读书的学生，但与他朝夕相处的同学都知道，他实际上是一个静若处子、动如脱兔的年轻人。裘懋勋回忆道：“我们两个性格不太一样，我好动、顽皮，学习成绩一般。姚桐斌平时文质彬彬，沉默寡言，但他一上篮球场，就马上像变了一个人，显得非常活跃，防守拦球果断灵活，进攻传球快速准确，特别是投篮的准确率较高，是球队的主要得分手。”

3. 血气方刚

1937年，姚桐斌以优异的成绩完成初中学业，准备向更高的知识高峰攀登。但是他没想到，一个无情的现实摆在他面前。抗日战争全面爆发了，祖国锦绣河山烽烟四起，人民生活在恐惧和愤怒之中。11月27日，日军占领了无锡。在疯狂屠杀、抢劫之后，侵略者纵火焚烧了无锡城区，七天七夜的大火把这个美丽富饶的江南城市变成了一片废墟。

侵华日军的隆隆炮声暂时中断了姚桐斌升学的理想。看到二儿子辍学在家，父亲姚世晋反倒觉得甚合心意，他叫儿子在乡下摆个小摊挣钱谋生。在一声声百无聊赖的叫卖中，一年的光阴就这样挥霍过去了。胸怀远大理想的姚桐斌并没有放弃读书的愿望，每日夜间仍然勤奋地在灯下勤读不辍。对世界的好奇、对知识的渴望，使他实在不愿再这样苟且下去了。有一天，他直截了当地对父亲说，自己还想继续上学。可是父亲仍然不答应，于是两人发生了激烈的争执。疼爱弟弟的大哥又一次站出来帮忙说情。面对二儿子的恳求和大儿子的求情，姚世晋生气之余，再一次做出了让步，同意姚桐斌继续他的学业。

1938 年，姚桐斌怀揣着靠自己摆摊挣来的一点点积蓄，只身前往上海读高中。凭着扎实的基础，他先考入了成康中学，半年后又转入私立江南中学。由于身上带的钱已所剩无几，家中又没有接济，他交不起学校的住宿费，每天只好借宿在教室，待晚上下课后睡在拼凑的课桌上面，第二天清早再打扫干净。江南的冬天甚是清冷，身体单薄的他因此大病一场。由于买不起课本，姚桐斌就向同学借来课本逐字逐句地抄写，如饥似渴地徜徉在知识的海洋里。

生活和学习上的艰苦困顿，姚桐斌都能克服，但他绝不能容忍日本人的侮辱。上海成为沦陷区后，日本人推行奴化教育，规定学校不得悬挂中国地图，不得使用“中华”字样，日语被定为学校的“国语”。日本人企图通过这些手段，泯灭中国学生的民族意识，使青少年成为“顺民”，达到彻底征服中国的目的。血气方刚的姚桐斌不甘忍受这种侮辱，他和四位热血同学偷偷相约到未沦陷的内地去上学。一天夜里，他们冒着风险偷越一道道日军封锁线，逃出了上海，前往四川求学。

亲爱的读者，看到这里，你们应该可以理解，为什么姚桐斌始终眷念着祖国，他对中国的捍卫和挚爱，从少年时代起就深深地在心底扎下了根！

4. 柳暗花明

姚桐斌与同学一路有惊无险地逃出了上海，绕道浙江镇海前往四川。他们听说那里还是一片没有侵略者的净土，而且有很多好学校。

谁知刚走到江西，姚桐斌就不幸得了伤寒，他只好停下来，借住在一户农民家里养病。眼看考期一天天临近，四位同学给姚桐斌留下了一些钱物，拜托这户人家好好照顾姚桐斌，然后继续赶往四川。

姚桐斌独自留在了江西，躺在病床上，心情十分难过，难道自己又要错过一年的光阴，人生大志就这样被一场大病终结了吗？中国有句成语叫做“塞翁失马，焉知非福”，就在姚桐斌为自己的前途一筹莫展时，他得到了一个好消息：江西成立了国立十三中学。于是，他怀着感激之情，辞别了悉心照顾自己的老乡，直奔考场。

凭借扎实的功底，姚桐斌顺利考取了国立十三中。

国立十三中位于江西吉安青原山上。青原山是江西的一座名山，钟灵毓秀，环境清爽，气候宜人。历代高贤名士，或揽胜，或隐居，或讲学，或参禅，亲临胜地，题书吟唱。山门“祖关”两字，来自唐代大书法家颜真卿手笔。“青原山”的匾额，系宋代民族英雄文天祥亲书。

1939年，国立十三中宣告成立。那时，中华民族正处于生死存亡阶段，日寇大举南侵，华北和东南半壁山河相继沦陷，大批战地学生流离失所，衣食无着，读书无门。为了拯救这批学生，教育部先后在全国创办了二十二所国立中学，在吉安设立的是第十三所，故名国立十三中学。负责筹办学校出任第一任校长的是陈颖春，他早年留学德国，学成归国后，热心教育事业。奉命筹办国立十三中后，他聘名师于全国各地，广招流亡学生入学，食宿费用皆由国家负担。

国立十三中在山口高大校门的两个楹柱上特书了“养天地正气，法古今完人”十个苍劲大字为箴言，并且在每个教室里都悬挂校训“尊师重道”四个字的巨大横匾，营造了良好的学习氛围和环境。经历了沦陷区生活、渡过了求学期磨难的姚桐斌，来到这样世外桃源般的环境中，看到这些哲言，精神振奋，铭记在心，身心慢慢得到恢复。天时地利人和，尽管战时物资短缺，经费困难，学习生活十分艰苦，姚桐斌一如既往，勤奋好学，成绩优秀，很快得到了校长陈颖春的赏识。

1941 年，姚桐斌高中毕业。在江西省会考中，他取得了个人总分第一名的好成绩，不仅为自己赢得了荣誉，也为国立十三中争了光。为此，校长陈颖春专门发给他一笔奖金，以资表彰。

5. 大学苦读

1941 年 8 月，姚桐斌依依不舍地离开了国立十三中，之后分别参加了几所大学的入学考试。他凭着扎实的成绩，一路过关斩将。在等待考试结果的日子里，他打起了零工，以解决生活问题。

两个月后，大学录取结果发榜了。姚桐斌大喜过望，武汉大学、湖南大学、中正大学、湘雅大学和交通大学唐山工程学院等五所大学同时录取了他。姚桐斌选择了交通大学唐山工程学院。

交通大学唐山工程学院历史悠久，是中国历史上最著名的大学之一，素有“东方康奈尔”的美誉。走进唐山工程学院，姚桐斌发现自己的选择是对的，因为这里确实是一所求学读书的好地方，学校云集了一批杰出的著名教授。

唐山工程学院院长是驰名中外的桥梁专家茅以升。茅以升本人就是唐山工程学院的老校友，1916年毕业后考取公费留学，1917年获美国康奈尔大学土木工程硕士学位，1919年获美国卡耐基梅隆理工学院博士学位。1920年回国以后，茅以升主持建造了第一座由中国人自己设计建造的铁路公路两用桥——钱塘江大桥。

茅以升还是一位著名的教育家。他早在1926年就提出了工科教学要理论联系实际，主张“先习后学，边习边学”，要求科研、教学和生产相结合。这种教育思想对唐山工程学院的教学方法产生了重要影响。

唐山工程学院考进去不易，考出来更难，可谓是“严进严出”。从小学到高中，姚桐斌的学习成绩一直名列前茅，但是在唐山工程学院，各省会考前一两名的学生比比皆是，姚桐斌觉得自己要更加努力了。

在同学们的眼里，姚桐斌不仅是一名认真严肃、勤学苦读的好学生，而且是一位待人厚道、乐于助人的好朋友。他的课堂笔记记得完整清楚，班里的很多同学常来借阅，虽说自己也急着要用，但他总是有求必应，从不犹豫。平时，姚桐斌的时间排得满满的，可是一旦有同学请教问题，他总是放下自己手上的事耐心讲解，直到对方明白为止。

艰苦的生活和学习条件，丝毫没有影响姚桐斌高涨的学习热情。当时学生宿舍里非常拥挤，只能睡人，连张桌子都放不下，而且晚上没有电灯，因此有的同学睡得很早。而姚桐斌却从不早睡，他常常一手抱着一摞课本，一手提着一盏油灯，独自一人找个地方学习，一直到很晚才回宿舍。

大学期间，姚桐斌决定不向家里要钱，自己挣钱维持学业，因此他每天早晨为学校分发信件，晚上做家庭教师，用微薄的收入维持着清苦的大学生活。

正当姚桐斌为生活所累时，他意外地发了一笔小财——一百元的“林森奖学金”。林森是辛亥革命的元老，曾任中华民国的首任参议院议长，而后担任了十二年国民政府主席。1936年，为了庆祝他的七十寿辰，国民党中央政治会议决定由财政部国库署拨款二十万元，设立“林森奖学金”。获得奖学金的都是成绩优秀的学生。对于姚桐斌来说，这笔钱如同雪中送炭，他立刻用来买了学习书籍和绘图仪器。

姚桐斌简朴清苦的学习生活、勤奋刻苦的学习态度、突出优异的学习成绩，引起了老师们的注意。矿业系主任，中国第一位冶金学留洋博士王钧豪很快喜欢上了这个总穿一件灰土布薄棉衣的清瘦学生。他在上课时经常停下来问姚桐斌，你看这个问题怎样解决。他还以姚桐斌为榜样，教育自己的儿子：“你在中学一直是名列前茅，现在姚桐斌比你更胜一筹，看来你得更加努力。”

为了提高英语水平，姚桐斌和六位同学自发地组织了一个名叫兄弟英语的研究会，每名组员都专门给自己起了一个英文名字。姚桐斌用自己名字的谐音，给自己起的英文名字是 Thomas York。小组活动时，他们讨论问题都用英语，对大家提高英语口语水平很有帮助。

1945 年，日本投降了。在举国欢庆胜利的歌舞声中，另一个好消息在等待着姚桐斌——他大学毕业了。在毕业考试中，姚桐斌的总成绩又是全校第一名，他因此被选为美国裴多菲励学会的成员。这个国际性的组织专门吸收成绩优异的学生，交通大学唐山工程学院的毕业生

1945 年，姚桐斌大学毕业留影

1945 年，姚桐斌大学毕业照

中只有总成绩排在前两名的学生才有资格当选。

就要离开学校了，四年的学习生活颠沛流离，由此结成的同学情谊令人难以忘怀。兄弟英语研究会的七名同学聚在一起拍了一张二寸的合影照片，每个人还用英文在照片后面签了名，并写上“1945.8 离交大前”。岁月流逝，这七人却一直珍藏着这张记录他们青葱岁月的照片。

大学毕业后，姚桐斌与同学去四川綦江三溪镇电化冶炼厂实习，时任总厂长是热力专家叶渚沛博士、钢铁厂厂长是邵象华博士，他们均是从国外学成归来，同茅以升及王钧豪一样，是姚桐斌崇敬的学者。由于受留美回国的唐山工程学院院长茅以升、矿冶系主任王钧豪的影响，姚桐斌对这些从国外学习了先进知识、回国为国家服务的前辈们留下了极深的印象。上学时，姚桐斌和同学们就立志要考公费留学生，出国深造，像先辈们那样学成回国，在工业上作出成就。姚桐斌一位交通大学唐山工程学院矿冶系的同窗回忆说：“我们有一个共识：穷学生既没有靠山，又没有超人的天赋，只有加倍努力读书，笨鸟先飞，才有机会考公费留学。”

姚桐斌立志于富强中国之心从那时就播下了种子。

6. 荣归故里

1946年6月，因抗日战争停止八年的公费留学考试在重庆恢复举行。姚桐斌参加了这次考生众多、竞争激烈的考试。他填报的第一志愿是英国伯明翰大学。结果，在这次只有三个冶金专业名额的考试中，他又一次如愿以偿。

出国之前，姚桐斌回到了无锡家中。从1938年前往上海求学算起，他阔别故乡已达八年之久。这期间，父亲姚世晋和他的关系一直处于僵持状态。八年前，当父亲得知他瞒着自己远离家乡，和四位同学一起偷越日军封锁线，从上海逃往四川后，勃然大怒。他给姚桐斌写信，训斥儿子的不孝之举，从此不许他回家，并警告儿子："你要回家，我就打断你的腿！"从那之后，来自家里的经济来源就中断了。听说姚桐斌考上大学后，父亲的态度才有所改变，但姚桐斌发誓要"争一口气"，不再用家里的钱。

姚世晋的话不过是虚张声势。他见到二儿

子时，百感交集，老泪纵横。八年来，他的粮食买卖越来越红火，大儿子办的粮食行也逐渐兴隆，全家的日子好过多了，他还用赚来的钱买了三十多亩地。现在，二儿子又考取了公费留学，荣归故里，这可是姚家光宗耀祖的大事，姚世晋乐得满脸笑容，过去多年父子间的积怨也随之烟消云散。

1947 年春天，为了显示姚家“功成名就，光宗耀祖”，姚世晋特地新建了一栋两层楼房，并在门口悬挂了一块“耕读家风”的匾额。

姚桐斌

——中国航天材料与工艺奠基人

第二章

海外赤子

1. 留学英国

在留学前夕，大多数学生的心早已飞向物质生活丰富、环境优越的海外，而姚桐斌却有两个担心：他一怕国外优裕的生活环境使自己蜕变，二怕在国外所学的东西将来没有直接用途。他特意给一位好友写信，讲述了自己的顾虑，并求教出国留学应该怎样做。

1946 年 11 月 29 日，好友给姚桐斌回了信，信中写道："这两个问题倒是值得注意。我的看法是：一个已经有了相当清醒认识、而又有坚定目标的人，在优越的物质环境下并不会堕落。其次，对于所学和所用的问题，我认为你没有怀疑的理由，你所学的矿冶是一门重要的可以实际应用的科学。"

读了好友的信，姚桐斌的心放宽了。

第二次世界大战的烽烟平息之后，欧洲的许多国家和城市满目疮痍，都处在恢复生产、重建家园的阶段。科学技术在摆脱了战争的阴影之后，随着社会生产力的突飞猛进，又异常活跃起来。英国作为老牌工业强国，具有优越的工业技术基础，复原得较快，伯明翰是英国的冶金工业基地，姚桐斌正是基于这些考虑，选择来到伯明翰大学学习。

历史悠久的伯明翰大学汇聚了众多名师，学术气氛浓厚，科研和工业生产联系紧密。姚桐斌选择了该校的工业冶金系攻读博士学位，师从国际铸造学会副主席、学校终身教授弗·康德西博士（V. Kondic）。康德西博士正在从事液态金属的粘性与流动性的研究，这在当时是一项比较新的研究工作。有了这位勤奋好学、工作能力强的中国年轻学生做他的助手，他十分高兴。

由于国民党政府的垮台，所谓“公费”已成泡影。姚桐斌把两年的学费匀作四年用，租

姚桐斌在英国学习

姚桐斌在英国伯明翰大学宿舍

住在一家犹太人的阁楼里。为了节省开支，他自己做饭，早餐经常是几片面包和一杯牛奶，中午在外面随便买一个三明治，晚上才有时间做一点菜，省下的钱他全都用来买书了。

1951 年 12 月 14 日，姚桐斌以《对液态金属及合金的粘性与流动性的研究》论文通过答辩，获工业冶金学博士学位。康德西教授回忆说："姚桐斌是我最好的学生之一。"

拿到了英国名校的博士学位，一般人也就心满意足了，但满怀报国热情的姚桐斌没有止步不前，他还要更上一层楼，学习更多的知识。他来到了伦敦，进入帝国理工学院进一步深造。

帝国理工学院始建于 1907 年（现名为伦敦帝国学院），由于伦敦城市拥挤，该校占地面积不大，既没有宽阔的足球场，也没有漂亮的体育馆，但它却具有强大的综合实力，并且硕果累累，先后培养出十四名诺贝尔奖获得者，成为英国仅次于牛津大学和剑桥大学的高等学府，并进入了世界名校之林，并且，它的冶金专业名列世界前茅。

当时，帝国理工学院的矿冶系主任是费舍尔教授（M. S. Fisher），冶金系主任是丹那特教授（C. W. Dannatt）。在费舍尔教授的指导和丹那特教授的支持下，姚桐斌开始对铝－硅合金的热裂性进行研究，并且很快就拿出了研究成果，写出了论文，并因此于1953年12月9日，获伦敦帝国理工学院的D.I.C（Diploma of the Imperial College）学位。

1953年，姚桐斌（右四）在英国帝国理工学院获D.I.C学位

姚桐斌在英国帝国理工学院学位照

提起为什么要拿两个学位，姚桐斌认真地说："这是我生活中很重要的一部分。来到英国后更让我感到祖国的贫穷和落后，我想多学一些科技知识奉献给祖国。"

姚桐斌（前排右一）与中国留英学生野餐

姚桐斌与苏格兰小朋友合影

2. 心系祖国

姚桐斌从少年时代起，就时时关心着祖国的命运，但那时他的信念是单纯的。他在唐山工程学院求学时，报的是矿冶系，因为他要按照孙中山先生的教导，以资源开发来为中国服务。他参加公费留学考试，选择冶金系，也是因为他相信科技可以救国。

到英国留学后，他逐渐经历了思想上的一个飞跃，因为他开始认识到，只有中国共产党才是中国的希望。1949 年 10 月 1 日，新中国成立，毛泽东主席宣布中国人民从此站起来了。姚桐斌和其他在英国留学的同学们都激动万分，他们向祖国发回了贺电，祝贺新中国的成立。从此，他更加积极地投入到宣传祖国的活动中，并担任了很多进步组织的领导工作。

比如，姚桐斌曾担任中国科学工作者协会英国分会《循刊》的编辑。《循刊》在留英学生中有着广泛深入的影响，是进步同学宣传共

1949 年，为庆祝新中国成立，姚桐斌（右一）与留英同学在宿舍合影

1950 年，姚桐斌在英国留学生庆祝国庆活动上讲话

产党政策的园地。当时的英国政府仍和台湾的蒋介石政府保持着外交关系，英国报刊很少刊登新中国的消息，因此，留学生得到《循刊》后，都将其视为珍宝，仔细阅读。

据姚桐斌当年在英国一同留学的同学回忆，

留英同学会编写的另一进步刊物《通讯》在留学生中也有很大的影响："（当我们）获悉（新中国成立）这一天翻地覆的大好消息时，留学生无不欣喜若狂。在这方面，'留英同学会'为大家编印的《通讯》功不可没。《通讯》及时报道了国内的一些新人新事。除了官方的消息外，也有同学把亲友自国内发来的消息片段进行摘抄。当时编印《通讯》是一件很艰难的工作，都是（留英）同学会的负责人亲手完成的。姚桐斌在这方面作出了突出的贡献。"

作为留英学生会的发言人，姚桐斌常撰写文章批驳留英学生中的反动分子，并在《曼彻斯特岛报》上与一个英国学生就中国土改问题展开了笔战。他还在伯明翰大学共产党公社、伯明翰青年会、逊特兰劳工学院公开讲演，宣传中国人民的解放运动。

作为一名勤工俭学的学生，姚桐斌的生活是清苦的，但他省下每一个便士，吃最差的食品，住最差的旅馆，以便能去更多的地方开展对新中国的宣传。

1951 年，姚桐斌从英国伯明翰来到了伯尔尼。他此行具有重大的意义，在他向组织递交了加入中国共产党的申请后，中国驻瑞士大使冯炫接受并批准了姚桐斌的入党申请，姚桐斌正式成为了一名光荣的中国共产党党员。

冯炫大使请姚桐斌继续留在英国，做好团结留英同学、对他们进行爱国主义教育的工作，同时协助使馆完成科技资料的搜集和研究工作。

姚桐斌毅然服从了党组织分配的工作。

3. 深思熟虑

虽然姚桐斌已经学业有成，并且归心似箭，他还是服从了组织的需要，决定继续留在国外工作。由于惦记着含辛茹苦将他拉扯大已多年没见面的老母亲，他伏案疾书，给大哥洪斌和弟弟涌斌写了一封信：

大哥，涌弟：

我在写此信时，是在瑞士山城的一个小旅馆里。我有一个重要的决定告诉你们，但你们得此信后切勿告诉母亲大人，待以后深思熟虑后，再慢慢向她老人家解释。

我的决定是我回国的日期要延期了。要延期多长时间，一时还不能确定。我为什么要留在英国呢？我只能大概地告诉你们：祖国的解放成功了，但是国际形势的严峻性还存在。国内一切建设在大规模地发展，很需要建设的人才。但是在国外，也需要合适的人去做很多有同样重要意义的工作。中英外交关系要建立，国内无法派人来英国。在这种情形下，我经过再三深思熟虑后，决定接受此项使命。只要我对祖国一样有贡献，我的心永远是快乐的。

为了国家，我们的离别再延长一段时期是必要的。希望你们能理解，尤其对母亲她老人家要慢慢地说明：就好比我回国后被分配到偏僻的边疆工作，也是不能时刻守在她老人家身边的。

返回英国后，姚桐斌离开了伯明翰大学，来到了伦敦，开始在帝国理工学院任实习员。

学习之余，姚桐斌还坚持继续到英国的其他地方去讲演，宣传新中国。

姚桐斌的这些爱国活动，引起了英国警方的注意。1953 年，他被限期离开英国。

听说姚桐斌要离开英国，世界上最负盛名的铸造学专家皮奥斯基（E. Pivowarski）邀请他去联邦德国（西德）的亚琛工业大学执教与做研究。

4. 执教亚琛

亚琛位于德国西部。亚琛在德文中指的是“河水”和“小渠”，因为这座城市以温泉著名。亚琛大教堂闻名欧洲，被联合国教育、科学及文化组织（UNESCO）列为世界文化保护遗产。亚琛还是世界著名的小提琴手大卫·葛瑞特（David Garret）的故乡。亚琛的工业包括科学、工程与信息技术。亚琛工业大学（RWTH Aachen University）以科研出名，排在欧洲大学前四名之内。

姚桐斌于1954年2月来到亚琛工业大学，在冶金金属材料学院任研究员及助理教授。他很快就通过了试用期，获得了加薪。他与同事们的关系也越来越融洽，赢得了皮奥斯基教授与同事们的好评。他又发表了多篇关于金属粘性及流动性的研究论文。据姚桐斌当时的同事、后任柏林大学教授的福洛贝格（M. G. Frohberg）博士回忆，姚桐斌当时就已成为了研究金属及合金粘性现象的著名科学家，他曾自制仪器研究金属的粘性。福洛贝格教授还说："姚桐斌有着阳光般的魅力，研究所的所有同事都喜欢他，钦佩他。"直到1967年，也就是姚桐斌回国九年之后，亚琛工业大学的研究人员在撰写一篇论文时，由于大量引用了姚桐斌的研究成果，将他也列为作者之一。

姚桐斌在亚琛住处留影

姚桐斌工作认真，科研方法严谨周密，和向来以严谨著称的德国人很相似。同事们佩服姚桐斌渊博的学识和独到的见解，对他很热情，每天下班都会约他去喝啤酒。他的同事们个个人高马大，有的还有啤酒肚，但姚桐斌依然玉树临风，好不令德国同事羡慕。德国同事还经常约姚桐斌去参加狂欢节和舞会，使得他的舞技大有长进，尤其是华尔兹跳得好，受到女士们的赞扬。

在德国时，姚桐斌的科研成果突出，他的

姚桐斌的德国同事为他庆祝生日

科研论文获得了广泛关注。好几个国家的大学邀请他去讲学，朋友们都说他是“春风得意”，但是他仍然希望回国，为新中国的建设出力。

姚桐斌与德国儿童合影

姚桐斌在德国

1957年，他再一次申请回国。组织上同意了他的要求，姚桐斌终于回到了朝思暮想的祖国。

5. 回到祖国

1957 年的一个秋天，姚桐斌坐上飞往祖国的飞机。一想到马上就要回到自己日思夜想的祖国，他无法按捺住自己激动的心情，归心似箭，难以入眠。

他望向窗外，这时，一轮鲜红的太阳正冉冉从东方升起。他赶紧拿出自己心爱的莱卡相机，抓拍下这个珍贵的镜头。这升起的太阳，金光四射，照耀着如画的江山，不正象征着他心中美丽的祖国吗？想到自己终于可以为年轻的祖国奉献上多年勤学苦练的本领，干一番大事业，他更加兴奋不已。

姚桐斌回到国内后，早就听闻姚桐斌大名的许多单位，如清华大学、钢铁学院、科学院沈阳金属研究所，纷纷邀请他去工作。这时，主管国防科技工作的聂荣臻元帅，请他到国防部第五研究院——我国第一个导弹研究机构去工作。姚桐斌多年来为国尽忠的理想终于可以实现了，他庄重地接受了这一神圣的使命。

中国航天材料与工艺奠基人

——姚桐斌

第三章

投身航天

1. 从零开始

1958 年 1 月 26 日，姚桐斌走出回国后下榻的饭店，头戴蓝布棉帽，身穿蓝棉布制服，前往国防部第五研究院报到。从这天起，他全身心地投身于一项神圣的事业。按照上级组织的安排，报到之后，姚桐斌手提一个小箱子，来到位于长辛店的一分院第七研究室。第七研究室是材料研究室，它就是姚桐斌的工作单位。

材料研究室刚刚创建不久，其规模实际上只相当于一个研究小组，整个研究室仅有十二名刚刚毕业的大学生。据当年姚桐斌的一位同事回忆："（我们）每人一张三屉桌，没有实验室，唯一的一件实验仪器就是一台 ROW 立式显微镜。"

国防部五院建立之初，我国的工业基础十分薄弱，材料制造极其落后，别说研发航天材料，就连低合金钢都生产不出来。

在航天材料方面，姚桐斌面对的是一穷二

白，从零开始，可他心里非常清楚，如果没有航天材料，一切关于尖端武器的构想，都是空谈、空想！而这些都是新中国最迫切需要的。中国不仅要掌握航天高精尖技术，也要向全世界展现她与日俱增的国力。

据时任第七研究室下属非金属材料室党支部书记的梁思礼夫人赵菁回忆：“姚桐斌同志告别国外那样先进优越的科研环境，来到当时我们白手起家的十分艰难的研究室，真是天壤之别。但他迎着重重困难，满腔热情地投入到航天事业的创建工作中。”

挽起袖子，说干就干。姚桐斌带领同事们去北京钢铁研究院等处参观，让他们把这些单位实验室里的仪器和设备记录下来，以备研究室建立实验室时做参考。虽然同事们都是刚刚毕业的年轻大学生，但姚桐斌重视他们的才能，充分发挥他们的积极性，让大家畅所欲言，大胆提出课题研究的设想。

他还鼓励大家查阅国外资料，撷取有用的信息，这一点对日后的航天材料发展尤为重要。20 世纪 50 年代，新中国成立不久，国外反动势力对中国进行了一切消息的封锁。姚桐斌等第一代航天科学家，不仅带回了对国家建设非常有用的知识，也带回了一套严谨的科学研究方法。那个年代，航天材料的研究能走在前面，也与姚桐斌多年一贯以身作则，并鼓励大家阅读大量外文资料，及时跟踪国外的发展情况有至关重要的联系。

刚开始时，研究室的年轻人感觉身边来了一个吃过“洋面包”的留学生，还是一位博士，都有些诚惶诚恐。时间不长，同事们发现，姚桐斌从不拿专家的架子，平时不论遇到谁，他总会问声“你好”，拿出香烟要抽时，他会很绅士地先问一下周围的人“可以吗？”，上车时他总是让女士优先，甚至会主动为她们开门。从这些点点滴滴的小事上，大家一致认为姚桐斌是一位难得的好同事，都亲切地称他为“姚工程师”。

姚桐斌

时间一长，姚桐斌很快与这些年轻的同事们打成了一片，大家有什么问题都会直截了当地跟他沟通。一次，有人问他为什么放着条件好的研究所不去，放着名牌大学的教授不当，反而要到一个刚刚起步的小基层单位工作？姚桐斌郑重地说："我回国不是为了地位和金钱，而是要把学到的知识贡献给国家。因此，我愿意在基层做一些具体事情，为我国的火箭上天贡献力量！"姚桐斌的这番话展现了他着眼大局、甘为航天事业奉献一生的宽广胸怀。

2. 面临难题

姚桐斌所从事的是一件既古老又十分先进的工作。说古老，是因为我国是古代火箭的故乡。在宋朝，我国就制成了世界上最早的用火药推进的火箭。13 世纪之后，我国的火药、火箭技术逐渐传入欧洲，对后来西方的文明与进步产生了深远的影响。

20 世纪初，在欧美科学家的努力下，现代火箭技术有了重大突破。1942 年 10 月，德国成功发射了世界上第一枚弹道式导弹（即 V–2 导弹），射程 260 千米。第二次世界大战后，美国和苏联都从纳粹德国缴获了大量的导弹资料、实物、设备，并接收了一批工程技术人员。他们借鉴了德国在导弹设计、试制、实验方面的经验，很快就建立起自己的导弹工业。苏联提供给我国的 P–2 导弹样品就是他们模仿德国的 V–2 导弹制成的，用的是液体推进剂（液氧和酒精），射程 590 千米。

制造一枚导弹是一项复杂的系统工程，是很多个分系统分工合作的结晶。每个分系统都包含数以千计的元器件、零部件，因此火箭的材料多达成百种、上千项，包括金属、非金属、有机材料、无机材料、复合材料等。20世纪50年代，我国的材料工业水准不高，连一些低合金钢都生产不出来，更谈不上航天材料了，因此，我国火箭材料的研制可以说是从零开始。在研制出这些材料及其相应的制造工艺后，还需要对这些材料开展模拟导弹使用条件的试验，如高温、超低温、振动、密封、烧蚀、腐蚀和老化等，所以，姚桐斌和他的同事肩上的担子异常沉重。

姚桐斌所面临的一个更大的挑战是如何确定材料研究室的科研方向。

在仔细摸清了全国各个研究机构和工业单位的工作职责和范围后，他建设性地提出了一个设想：材料研究室不能把材料工作从头搞到尾，而是要与研究单位、与工业部门协作。北京钢铁研究院前院长全钰嘉指出了姚桐斌这个设想的远见性："各取所长，分工合作，是一个有全局观念的方针。"

在中国航天事业起步的过程中，航天材料能及时满足导弹和火箭设计的需要，与姚桐斌奠定的材料研究一盘棋的远见有至关重要的关系。这也是姚桐斌为航天事业作出的突出贡献之一。

3. 补习政治

虽然姚桐斌是一个潜心钻研技术的专家，但他一刻都未忘记在根本上指引他前进方向的是毛泽东思想。从回国那天起，姚桐斌就如饥似渴地学习毛主席著作和党的方针政策。他说："我从国外回来，第一件大事就是补习政治。"

据时任党支部书记赵菁回忆："我与姚桐斌同志同在一个支部。记得当时党支部的组织生活除了按上级指示，组织政治活动及党务活动外，最主要的就是要调动全体同志的积极性，努力克服当时的各种困难，从无到有创建航天事业。姚桐斌同志的工作很忙，但他有很强的组织观念，从来都是以一个普通党员的身份积极参加党支部的组织生活和政治活动，'对党忠诚'这句话在他身上得到了实实在在的体现。"

在业余时间，姚桐斌也努力加强个人的政治修养。他潜心研究辩证唯物主义与科学研究的关系。比如，他特别注重学习毛主席的哲学思想，学习辩证唯物主义。他有一本厚厚的哲学笔记和剪报，每有新的体会，就在原先的笔记上加以补充。1965 年 1 月 29 日早晨，他听到广播里的一条新闻，大受启发，当天就以“相对真理和绝对真理”为题，写下了自己的心得体会。

姚桐斌学习毛主席语录笔记

作为一名主管航天技术的领导，他尤其注意学习国家对科学技术工作的政策和国家领导人对航天技术发展的指示，激励自己不断奋斗，及时贯彻到工作当中。

当听了聂荣臻元帅关于科学技术发展规划的

报告之后，姚桐斌十分兴奋，当即表示：“只要我国科研事业能够上去，我就是死了也甘心。”这句话正是这位甘于为党和国家事业奉献一切，包括自己宝贵生命的爱国科学家的肺腑之言。

姚桐斌

——中国航天材料与工艺奠基人

第四章

钎焊合金

张爱萍将军为姚桐斌讲了这样一段话："姚桐斌同志是怀着'学有所成，报效祖国'的强烈愿望，毅然放弃国外优裕的生活工作条件，回国投身国防科技事业的。他十年如一日，忠于人民，忠于党的科技事业，为我国航天材料和工艺技术做了开创性、奠基性的工作。"姚桐斌带领他的同事们攻克高温钎焊合金技术难关，就是张爱萍将军这段话的最好证明。这也是姚桐斌为中国航天事业作出的众多贡献的主要成就之一。

1. 难解之谜

苏联专家撤走时，给材料研究室留下了一个谜。这个谜，当时成了我国自行研制导弹道路上的一块“绊脚石”。

那是 1958 年，苏联在帮助中国仿制 P-2 导弹时，提供了两种用于焊接发动机燃烧室的焊接合金，但是细心的中方技术人员却惊讶地发现，在技术资料中，这两种合金的名称却被墨水涂掉了。是对方工作中的差错吗？显然不是。中方技术人员十分清楚，苏联方面的援助不是毫无保留的，这是他们有意留了一手，故意做的手脚。这个小动作，反而提醒了中方技术人员，墨水涂过的地方一定有为了掩盖焊接的核心技术秘密，于是，他们对这处涂改进行了反复辨认，最后隐隐约约辨认出合金的牌号是 Г-70НХ。

仅仅辨认出合金的牌号还不能解决问题，关键是要搞清楚这种合金的成分、性能和制造工艺。但是这些内容在技术资料中只字未提，

合金

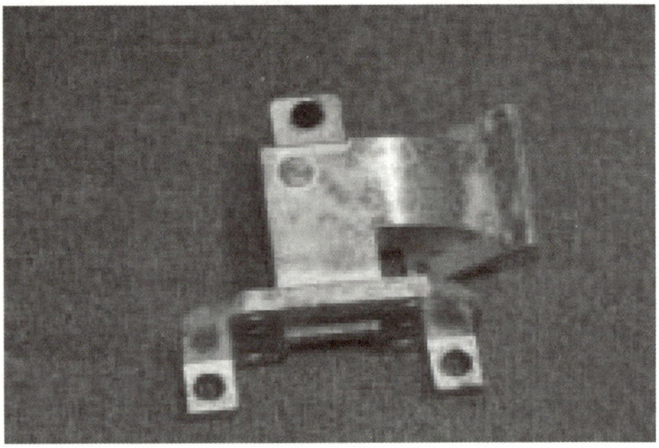

只能去问苏联专家。一次，一位科研人员试探着问一位苏联专家，合金中两种元素的含量是多少，那位专家一声不吭，他碰了一个“软钉子”。大概是觉得这样不太好，苏联专家开口说：“未来的发动机结构要采取焊接。中国如果需要钎焊合金，可以通过大使馆向苏联订购。”

1960 年 8 月，苏联人走了，留下了那份涂改过的技术资料，也留下来一个难解之题。不解开这个谜，中国自行设计新型导弹的研制工作就无法进行下去。

此时，姚桐斌已于 1960 年 3 月 3 日被国防部五院任命为新型号导弹的总冶金师。作为一名科学家，他不会轻易向困难低头。凭着要争口气的顽强精神，姚桐斌带领研究人员开始了新型钎焊技术的研究与攻关。他们决心学做景阳冈的武松，一定要战胜这只“拦路虎”。

早在 1959 年进行“1059”导弹仿制时，我国就开始自行设计了第一种导弹“东风一号”（1964年更名为“东风三号”，“1059”更名为“东风一号”）。“1059”导弹发动机的燃烧室身部由于采用了低合金钢焊夹层结构，不仅十分笨重，地面试车时也容易产生疲劳破坏。而我国自行研制的新型发动机燃烧室则采用了不锈钢波纹夹层结构，但是这种结构需要采用新型焊接技术，正如苏联专家当年所说的那样，要采用钎焊的方法。

钎焊是一种将金属连接到一起的工艺方法，不过它与熔焊不同，熔焊是用高温将两块金属加热熔化后使之连接在一起，而钎焊则是将钎焊合金置于两块被焊的金属之间，然后把它们一起放到炉子里加温，钎焊合金熔化后将两块金属焊接在一起。

钎焊工艺应用的关键是研究一种高温钎焊合金，由于它直接关系到新型发动机的研制，因此成为了研制新型号过程中最重要的任务。从国防科委秘书长安东到国防部五院的领导都十分重视，要求材料研究室一定要在1960年12月31日前研制成功。

然而，这种研究当时在我国还是一片空白，除了那个模糊的合金牌号，材料研究室的技术人员手头没有任何资料可以参考。一时间，苏联专家留下的那个谜竟长成了一只“拦路虎”，挡在了发动机研制的道路上。

让我们来看看新中国自己的专家姚桐斌和他的同事们是怎样以超人的智慧和胆识，独立自主，克服一个又一个困难，去战胜这只“拦路虎”的。

2. 反复研制

研制钎焊合金的首要工作，也是最困难的工作，是明确合金的化学成分。于是，十几名研究人员摸索出了几种成分，然后按照这个配方开始试验。经过多次反复，到 1960 年 9 月，试验似乎取得了可喜进展。然而，后续进行的试验又失败了。于是，他们放弃原来的方案，又提出了一种新的配方继续试验，结果也失败了。就这样，反反复复，总也满足不了技术要求。

眼看已经进入 12 月，离规定完成任务的时间不到一个月了，可钎焊合金的成分还确定不了，一向沉稳的姚桐斌也急得坐不住了。他决定更改原来的试验方针，并立即召开紧急会议，明确提出放弃自制土炉熔炼的方案，利用外单位的研究条件完成任务。同时，姚桐斌决定兵分三路，一路前往上海，另一路前往沈阳，第三路留在北京，开展突击研制。

利用外单位的科研条件冶炼钎焊合金，必

须找到一家拥有真空熔炼炉的单位。当听说北京有一家研究院有这套设备时，研究人员立即前往接洽。谁知对方说自己的任务很重，设备不能外借。

实在没有办法，姚桐斌只好向上级反映问题。国防科委秘书长安东出面帮助协调，他给该研究院打了一个电话，通知说国防部第五研究院副院长王诤中将要去参观炼钢实验室。

这天，国防部第五研究院副院长王诤中将和姚桐斌一起来到这个研究院，联系借用真空熔炼炉的事宜。研究院院长和王诤是早在延安时期就认识的老战友，听说王诤来了，他亲自出来迎接，一见面就奇怪地问："你怎么有雅兴上这儿来参观炼钢实验室？"

王诤回答说："在延安时，参观过你的炼铁炉，现在来参观你的炼钢炉，正好补个缺。"说完，两个老战友哈哈大笑。

当参观到真空熔炼炉时，随行人员向对方提出要借用这些设备。这次，那位院长一口答应，并立即进行了安排。利用这套设备，材料研究室很快冶炼出了合金。

接着，研究人员把它拿到北京电子管厂进行锻造和轧制，最后送回材料研究室测定熔点，进行钎焊工艺试验。为了抢时间，大家马不停蹄、不分昼夜地工作，而姚桐斌则每天听取来自各方的进展汇报，及时协调解决出现的各种问题。

看来战胜这只“拦路虎”有希望了。

3. 攻克难关

1960 年 12 月 20 日，离领导规定的限期只剩下十天时，第一批按照新配方冶炼的钎焊合金轧制出来了，可测试结果表明，它的熔点太高，不符合要求。眼看首选方案被否定了，试制人员心里十分难过。这时，有人突然想起，不是还有一个补充方案吗？它进行得怎么样了？一位科研人员回答说，已经按照这个补充方案冶炼好了铸锭。听到这个消息，姚桐斌非常高兴，指示立即把它加工出来。

两天后，姚桐斌出席了分院的第一次党代会，并在会上当选为分院党委委员。

开完党代会，姚桐斌回到单位，正赶上另一种配方冶炼的合金完成轧制后送了回来。大家立即对它进行了熔点测定、钎焊试验和爆破试验，试验结果远远超过了规定的技术指标。

成功了！姚桐斌和同事们终于研制出了钎焊合金，在规定的时间内战胜了“拦路虎”。

为此他和大家兴奋不已。当年那位苏联专家说错了，中国航天确实需要钎焊，但不是从苏联买来的，而是中国材料研究人员依靠聪明才智和百折不挠的精神，经过反复试验，自己研究出来的。从此，中国高温钎焊合金领域不再是一片空白（据官方报道，经过近六十年，姚桐斌与他的同事们研制的钎焊合金仍沿用在今天的航天运载器上）。

回到办公室，姚桐斌拿出那只陪伴他多年的心爱的烟斗，装上烟丝悠然自得地吸起来。望着眼前升起的袅袅青烟，他想起毛泽东在《别了，司徒雷登》一文中的那段名言："多一点困难怕什么，封锁吧，封锁十年八年，中国的一切困难都解决了。中国人死都不怕，还怕困难吗？"

中国航天材料与工艺奠基人

——姚桐斌

第五章

制定规划

1. 明确方向

中国科学院院士、曾任发动机总设计师、总体设计部主任的任新民曾说过：“姚桐斌是我国航天材料工艺的奠基者。他充满智慧，意志坚定。他主持的科研成果，对火箭部件的设计、选材和制造起了指导性作用。”

1961年春节后不久，国家科委与国防科委联合发出通知，决定召开一次全国性的导弹新材料规划会议。会议要求参考国外的发展情况，结合我国实际，制定出切实可行的防热材料发展规划，并组织起队伍进行协作攻关。会议于1961年3月21日召开，史称“三二一会议”。

接到会议通知后，姚桐斌立即进行会议的技术准备工作，组织有关人员按专业分工准备技术报告，并决定亲自在会上作主题报告。在准备工作中，姚桐斌强调抓两件事：“一抓技术方向，二抓组织落实。”他说，我们准备的会议报告，就是要论证清楚防热材料研制工作的技术方向，工作方向把握不准，就会差之毫厘、失之千里。现在正是国家困难时期，我们要以对国家负责的态度做好这一工作。其次就是组织落实，选准科研单位，切忌四处布点、广种薄收，要组织优势兵力，在材料战线上打一个漂亮的歼灭战。

姚桐斌说到做到。他自己带头撰写主题报告，亲自带领队伍走访并预选一批研制单位，上报国防科委，邀请他们参加会议。在姚桐斌的倡导下，各单位的优势和特长得到充分发挥，全国一盘棋，航天材料的研制和发展从此走上了快速发展的道路，形成了一支向新材料进军的全国性科技大军。

2. 组织落实

国防科委一位领导说："姚桐斌振臂一呼，八一七会议就成了群英会。"

继"三二一会议"后，国家计委、国家科委、国防科委又于1961年8月17日联合召开了全国新材料规划会议，全国有三十七个科研机构和高校的领导与科研工作者参加，其规模比"三二一会议"更大。

再次被委以重任的姚桐斌以一贯严谨治学的态度，一丝不苟地领导着大会的准备工作，他亲自带队跑协作单位、抓组织落实。在姚桐斌盛名的影响下，国内许多著名的金属学家应邀参加了会议。

"三二一会议"和"八一七会议"是我国航天事业发展过程中两次历史性会议，以这两次会议为起点，开启了全国协同研制航天新材料的壮观局面。在绘制这幅国内航天材料基地的历史画卷中，姚桐斌留下的是浓墨重彩，贡献的是赤胆忠心。

2007 年，曾任导弹发动机总设计师的任新民在接受中央电视台“科技人生”节目“中国航天材料与工艺奠基人姚桐斌”采访时说：“他作为一个搞航天的，能够把全国新技术的东西与我们有关的（研究）结合起来。这个工作，没有别人做，只有他（姚桐斌）做。”

3. 拿出数据

在高温测试会议时，时任发动机总体设计部主任的任新民对姚桐斌说："今后我们就靠你了，等你拿出中国人自己的数据来。"

在"三二一会议"和"八一七会议"之间，1961年5月30日至6月7日还召开了另外一次重要会议，即"全国高温测试会议"。从表面上看，这次会议似乎只是国家科委主持召开的一次学术会议，但它对我国航天材料的发展与"三二一会议"和"八一七会议"具有同等的重要意义。前者是硬件，为型号发展提供物质基础；后者是软件，为型号发展提供数据资料。

在这次会议上，姚桐斌建议成立我国的高温测试技术小组，建立配套的高温测试技术、测试方法和测试装置的高温测试基地。姚桐斌的这一建议具有科学远见。设计单位以往的作法是在设计计算时，需要材料数据，虽然设计人员用的是国产材料，但供货单位并不提供高温性能数据，设计人员只好找材料手册，找外国的高温系数，就不得不再加上一个保险系数，其结果是把保险系数加得过大，又不敢轻易降下来，从而增加了结构质量。姚桐斌的这一设想解决了这一难题，测试技术提供了中国人自己的可靠数据，不用依靠外国人了。

高温测试会议和“三二一会议”“八一七会议”不同。前两次会议都是根据聂荣臻的指示，由国家科委和国防科委自上而下组织部署的，而全国高温测试会议则是由姚桐斌倡议，自下而上地层层向上汇报，最后获得中央支持的。

姚桐斌的这一创举又一次证明了他对中国航天事业发展作出的卓越奉献。

姚桐斌

——中国航天材料与工艺奠基人

第六章

研究方法

1. 寻找规律

对姚桐斌在航天材料与工艺研究事业中所作出的突破性贡献，钱学森给予了充分的赞赏与支持。这两名杰出的科学家有一个共同点，那就是他们对中国航天事业的发展都具有远见卓识，他们不停留在已经取得的成就上，而是时刻在为中国航天事业的发展做着长期的规划。姚桐斌为航天事业不断培养技术能手，使之后继有人，做出了很多努力，他所撰写的《研究工作方法》就是一个生动的例子。

20 世纪 60 年代初，航天材料及工艺研究所每年都有大批的刚毕业的大学生和中专生入所工作。为使这些年轻的科技人员尽快养成严谨的科研作风，胜任工作，姚桐斌花费了大量的心思。

1961 年年初，在深思熟虑之后，姚桐斌在繁忙的工作中抽出时间，洋洋洒洒两万五千字，写了一篇怎样开展科学研究工作的文章，名为

《研究工作方法》。

在这篇文章中，对什么是研究，姚桐斌巧妙地做了解释：研究的英文单词为 research，这个单词的词头 re 的意思是重复，而词根 search 的意思是寻找，科学研究就是反复寻找客观规律的过程。

姚桐斌详细地论述了科研课题的提出要求，怎样搜集整理文献资料和对它进行总结，开展理论分析，确定实验方案和作业计划，研究分析实验误差的意义，将实验工作的具体做法系统化，以及如何更好地编写科学研究报告和技术文件。

1961 年 7 月 3 日，姚桐斌向全所职工作了《研究工作方法》的报告，使大家受益匪浅。

听说姚桐斌作了这一报告，钱学森十分赞赏，给予了极高的评价。他认为，这个报告对材料研究所以及全院的科研工作者都具有重大的指导意义，建议在院刊《研究与学习》上发表。

至今，姚桐斌所撰写的《研究工作方法》仍是航天材料及工艺研究所新入所大学生必读的文章。姚桐斌留下的宝贵精神财富，多年来培养了一代又一代能挑起重担的科研人员。

2. 创造条件

科学包罗万象，科学研究的内容及其应用的具体方法也是千差万别的；但科学本身是很多客观规律的综合，研究科学的方法在一定程度上也有共同的规律性。

在我们之前，很多科学家和研究人员已经进行了长时期的科研工作实践，对于如何进行科学研究，积累了无数的宝贵的经验，这些经验我们应该继承下来并应用到自己的工作实践中去，从而加速我们科研工作的进展。

进行科学研究，正如其他工作一样，必须具备几个基本条件，其主要的是：一、材料，二、工具，三、方法。比如造一栋房子，有了建筑材料，有了建筑工具还不够，还要有一套设计及施工方法。

为进行一件自然科学的研究工作，必须具备一定的物质条件，如实验室、原材料、设备等。做科研工作的人，则必须掌握基本的学科知识和专业知识，具有一定的外语水平，以阅读世界各国的文献资料；除此之外，还必须熟悉研究方法和掌握操作技术。

1961年6月27日《人民日报》所载《根深才能叶茂》的社论中指出："演员要掌握舞台的基本动作，战士要有基本的操练，科学研究人员不在基本训练上下一番功夫是不行的。"从我们科研队伍的组成看，大部分是从学校毕业不久的同志，对科研工作还是新手。他们学过的学科知识及专业知识不能算少，但如何运用到实际工作中去，则是理论用于实践的问题，是掌握研究方法的问题。科研工作中还有一个作风问题，但工作作风是思想方法的具体表现，不掌握科学研究方法，就不会有正确的科研作风。

本文就是把科研工作中带有普遍意义的共性问题提出来同大家讨论，供大家参考，而不接触具体的试验方法的问题。

姚桐斌：《研究工作方法》

3. 搜集资料

在自然科学领域里，已经有千千万万的前人做过不可计量的工作，他们遗留下来的科学成果和知识、经验，我们必须很好地继承下来，再继续探索钻研，做创造性的发展。我们有些同志过分相信自己，开始研究之前不查文献、不看资料，这样就难免犯“闭门造车”的毛病，科研工作的盲目性常常导致走弯路、重蹈覆辙的后果。

毛主席要我们在解决一个问题时，要做好调查研究。对科学技术工作者来说，调查研究主要体现在广泛阅读文献资料，吸取别人的经验。现代的自然科学文献中，外文，特别是英文资料占的比重较大，因此，外文是科研工作中的一个重要工具，研究人员必须占有这个工具。

自然科学无阶级性，它可为资产阶级服务，亦可为无产阶级服务。对于资产阶级国家的科研成果，我们必须加以重视。资本主义国家的科学家和研究单位为了换取名利地位，常常竞于发表论文，著书立说。资本主义国家的企业单位为了追逐利润，也经常不得不将一些生产秘密公诸于世。这样，就提供了我们很好有用的科学情报。有时从一张普通的广告图片或一份产品说明书中，可得知不少生产技术的奥秘。但是在另一方面，资产阶级科学家的形而上学的观点和方法，使他们的科研论文和学说带有一定的片面性。因此，我们对于资本主义的科学成果的报道，必须以辩证唯物主义的观点加以批判接受。

在我们的具体条件下，不少研究任务是带有突击性的，往往不允许我们花很多时间去广泛地收集及阅读资料。尽管如此，我们仍应该搜集最近的有关文献报道。倘使为了抢进度，就不顾一切盲目蛮干，其结果，只会多走弯路，“欲速则不达”。养成经常阅读文献资料的习惯，将有关业务的最近的资料及时积累起来，这不仅对解决当前的任务有利，同时经过日积月累，就可以逐渐充实自己的知识，吸收营养，扩大眼界，开阔思路，使自己成为广见博识的人。

文献资料搜集到一定程度后，接着是进行文献资料的整理、分析与总结。一篇好的文献资料总结，不应是将别人的文章东抄西袭地堆积起来，而应密切结合自己的主题，根据自己的需要，进行加工提炼，并用自己的语言来写出总结和评论。对不同学派的不同见解，通过分析推出自己的见解，有时在各种争论问题上应找出必须进一步研究的问题线索。

做文献资料总结，目的在于弄清过去的水平，在于总结前人的经验，吸收前人的成果，以便用来指导自己的研究工作实践。因此，做文献总结应被认为是在完成一项科学工作过程中不可少的一个重要阶段。对于科学研究的新手，做好文献总结应作为一项阶段性任务来要求和考核。

姚桐斌：《研究工作方法》

4. 系统试验

在实验记录工作中，要注意以下几个法则：

……

（4）试样的标号。所有研究测试的试样必须严格地标明号码，这等于给每一个试样一个名字；在实验过程中，它的履历都根据这个特定的标号来记载。试样标号不做好，就极易导致质量事故的发生，引起试验结论的错误。

试样标号必须注意其科学性及永久性，标号要便于辨认又不因中间工序或长期保存而脱落或消失。例如在金属试样上用粉笔、铅笔或贴纸来标号是不合理的，必须用不褪色的油漆或打钢号来标号。但是标号时必须注意以不损坏试样和不影响试样性能为原则。

姚桐斌：《研究工作方法》

中国航天材料与工艺奠基人

——姚桐斌

第七章

专家作用

1. 普及知识

1961年的“八一七会议”结束后，姚桐斌接到一个新任务，聂荣臻元帅提出要充分发挥老专家的作用。聂荣臻所指的老专家是姚桐斌、任新民等从国外回来的有丰富航天知识的专家，区别于刚刚从学校毕业的年轻大学生。国防部五院一分院就此安排任新民和姚桐斌等专家分别给导弹技术人员讲授专业知识，由任新民负责讲授发动机知识，姚桐斌负责讲授材料知识。

姚桐斌从这件事中受到了启发。他认为，导弹研制是一项门类复杂的系统工程，涉及很多的学科和专业。如果一个研究人员仅仅通晓自己所学的专业知识，在本行的技术领域游刃有余，还不能算是一个优秀的科研人员。比如，一名导弹设计人员如果缺乏基本的材料知识，就搞不好导弹设计。同样，从事材料研究的人员如果对导弹不了解，也很难研发出符合技术要求的合格材料，因此，他们必须触类旁通，

姚桐斌

精通与本专业有关的一切知识。

他由此联想到材料研究所的现状。一年前，研究所来了一大批留苏毕业生和国内毕业的大学生，这些年轻人有热情，工作积极肯干，但却缺乏导弹知识，很多人从未见过这个现代战争的“宠儿”。

鉴于这种情况，姚桐斌决定在研究所普及导弹知识。他从设计部门邀请了一些专家讲授与导弹有关的技术知识，使年轻人很快对导弹研制有了一定程度的认识和了解。他们懂得了什么是弹体结构，什么是控制系统，以及发动机的结构和工作原理。

在“请进来”的同时，他还选派所里的材

料专家“走出去”，给导弹设计人员讲授材料与工艺知识。这样彼此了解，互相学习，极大地促进了导弹设计和材料研究工作。

2. 专题讲座

导弹是现代战争的宠儿。姚桐斌求学于英国伦敦时，对导弹有了最初的了解。伦敦是人类历史上第一个遭受导弹袭击的城市。1944 年 9 月 8 日，德国军队用 V-2 导弹攻击伦敦，造成了严重的伤亡。德国也用导弹袭击了欧洲其他国家。截至 1945 年 3 月，德军共发射 3000 多枚 V-2 导弹，给英国、法国和比利时等国造成了巨大损失，给当地居民留下了痛苦的记忆。由此，姚桐斌深深了解了导弹在现代战争中的重要性。

但是，对于更深入的导弹知识，姚桐斌认为自己仍是一个“门外汉”。所以，尽管研究所的日常工作很忙，他也像其他技术人员一样，认真学习导弹知识。上班时，他除了开会、看文件、批阅报告外，从不闲聊天，一有空闲，就手不释卷地看书。为了熟记这些信息以便日后参考，他记了满满一盒子读书卡片，以及几百张资料卡片。航天材料及工艺研究所至今仍保留着这些宝贵资料。

导弹知识要学习，材料知识更要精通。为此，姚桐斌专门邀请了国内的一些著名专家来研究所举办讲座，比如沈阳金属研究所所长李薰，时任金属研究所主任、两院院士师昌绪等，都来过材料研究所作科学研究实验方面的专题讲座，受到科技人员的热烈欢迎。

3. 学术报告

当时研究所有一部分从部队调来的行政和政工干部，姚桐斌认为他们也要学习导弹知识，以便进入“角色”，有效地开展领导工作，便主动给他们讲授导弹及材料专业知识。

一次讲课时，姚桐斌在黑板上画了一棵大树，又在它的树枝上画满了盛开的鲜花。他形象地解释说，焊接就好比这棵大树，焊接方法就好比树枝上的鲜花，他一边说一边在鲜花旁边写上各种焊接方法的名称。这样通俗易懂的讲座，每个星期都要进行几次，这些领导干部逐渐掌握了导弹研制的基本知识。

早在 20 世纪 60 年代初期，姚桐斌就要求研究人员学好英语。为了促进大家学习英语，他一直坚持开办英语学习班，并亲自讲授了第一课。后来，他又选派专人到沈阳金属研究所提高英语水平，回所后担任英语教员。从那时起，很多科技人员熟练地掌握了英语，他们日后大多担任了高级领导，能够承担起航天事业的重任。

经过一段时间的认真准备，1961 年 12 月 27 日，姚桐斌在一分院作了题为《火箭导弹材料进展》的学术报告。报告内容包括火箭导弹的发展及其对材料的要求、防热材料、结构材料和发动机材料四个部分。全院千余名干部和科技人员听了这个报告，反响非常强烈。

在姚桐斌十年的航天生涯中，他不仅跟踪中国火箭、导弹和材料研究的新成果，也十分专注国外这些领域的动向，以及它们对中国航天事业发展的意义。他撰写了多篇科研论文，并多次给有关人员作报告，以增加大家对这些课题的了解。钱学森曾数次对此给予积极评价和肯定，并推荐到有关科技刊物上发表。

中国航天材料与工艺奠基人——姚桐斌

第八章

担任所长

1. 材料靠山

1961年七八月间的一天下午，姚桐斌兴冲冲地对技术管理部门的几个助理员说：“型号研制工作开展后，材料问题那么多，上上下下都在关心，也都在担心，有些新材料，我们过去都没有听说过。今天，我与钱学森一起探讨，材料工作究竟该怎么做。既不能头痛医头，脚痛医脚，被动地应付，也不能眉毛胡子一把抓，分不清轻重主次。火箭导弹的材料研究应该高屋建瓴，在型号设计的同时开展材料设计。”

姚桐斌在总结以往经验的基础上，正式提出了“材料设计”的概念，标志着材料研究领域一次跨越性的启程。

1961年9月6日，姚桐斌按照钱学森的指示，在全院范围内作了一次报告，宣传了材料工作在整个型号工作中的地位，取得了型号设计部对“材料设计”这一概念的认同，这就是：材料研究工作者是型号设计的材料参谋，为了当好材料参谋，在型号设计的同时，必须进行相应的材料设计。

对姚桐斌关于“材料设计”的设想，时任发动机设计部主任任新民表示大力支持。他说：“我们搞设计的找到了‘靠山’，可以放心了。关键是我们双方要加强联系，使型号设计与材料设计协调发展，相互扶持，相得益彰。”时任总体设计部主任谢光选也带领几位主管设计师，到研究室与姚桐斌商谈型号设计与材料设计的关系，以及如何协调发展等问题。在听完姚桐斌关于材料设计的一席话后，谢光选向姚桐斌频频拱手致意，气氛异常活跃。长征时期的老红军、院政治部主任杨亚中也在一次会议上说：“听了姚桐斌同志的报告，才知道我们院除了型号设计，材料设计也同样重要。我们共产党是唯物主义者，唯物主义就要讲物质基础，材料设计就是为型号设计提供可靠的物质基础。”

“三大会议”上确定的材料发展规划既全面又长远。要实现这些规划，同时肩负起未来更大规模研究工作的重任，这已超出一个材料研究室的实际能力。因此，国防部第五研究院领导根据国家导弹和火箭的研制规划，于1961年9月30日批准了一分院关于组建材料研究所的报告。

从这一天起，我国第一个航天材料研究机

构——国防部五院一分院第六研究所宣告成立，姚桐斌出任所长。1962 年 2 月 28 日，国务院总理周恩来正式签署了对姚桐斌的任命书。

由国务院总理周恩来签发的对姚桐斌的任命书

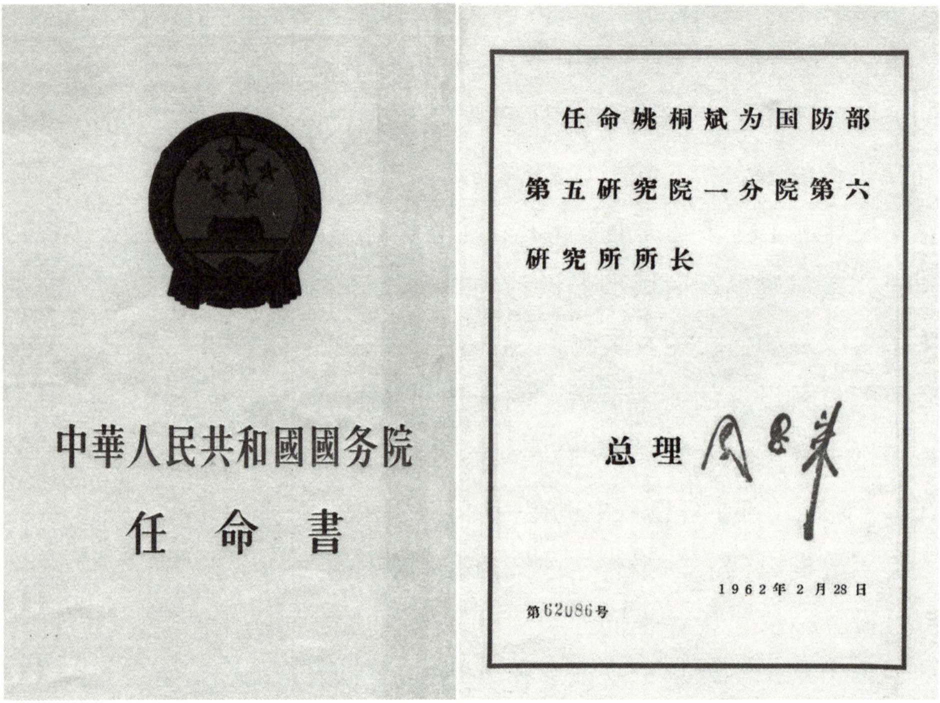

中華人民共和國國务院

任 命 書

任命姚桐斌为国防部第五研究院一分院第六研究所所长

总理 周恩来

1962年2月28日

第62086号

2. 工艺革新

我国火箭事业自仿制苏联 P–2 导弹成功之后，就进入了自行设计、独立研制阶段。姚桐斌主持和参加的多次材料工艺规划会议，旨在为我国火箭的独立研制提供材料及工艺保证。

1962 年，火箭研制中工艺的重要性和紧迫性提上了日程。钱学森请姚桐斌写一篇有关工艺的文章，内容要包括应该引起注意的、值得研究的工艺理论方面的问题。

自从担任了材料研究所所长，姚桐斌一直提倡将火箭研制工艺科学化、规范化。凭借他对这一问题在实践操作中出现问题的关注、研究与思考，以及他一贯提倡的严谨的科学工作作风，他深思熟虑，写出了一篇文章。此文奠定了姚桐斌作为火箭工艺研制规范化奠基人的基础，保证了我国火箭研制的自主性和有效性。

姚桐斌的这篇文章发表于 1962 年 7 月出版的研究院内部刊物《研究与学习（工艺专号）》

上，题为《火箭工艺的研究方向及理论问题》。他在此文中指出：“在工艺技术范畴内，工艺是从设计构思通向产品的一座必经的桥梁。工程技术不断向前发展，必须辅以工艺的不断更新和提高。没有新工艺作为温床，新的设计思想就不能萌芽成长，成为重大的工程技术的革新。”“火箭型号的质的飞跃，必须依赖工艺的革新。因此，火箭工艺的研究和发展，成为火箭发展的必要条件。”

钱学森对此文作了批语，认为写得好。从此之后，航天材料及工艺研究所和火箭制造厂等单位，把工艺的发展放到了更加重要的地位。

3. 科研作风

作为一位出色的领导，姚桐斌的工作方法是灵活和多样的。对出现的问题，他会晓之以理，动之以情，以最合理的方式去解决。他撰写的洋洋万言的《研究工作方法》，给年轻科技人员提供了开展高精尖航天产品研制的利器。随后，他又倡导举办科研作风展览，展出几百件实物，从感性上触动感化科研人员，有利于他们进一步培养严谨的科研作风和方法。

他提议举办科研作风展览会是由这件事开始的。一位工作人员拿来一个纸烟盒让姚桐斌看，他惊讶地问："这是什么？"对方说："这是一个研究室的试验数据。"姚桐斌连忙接过来翻来覆去地看，然后说："用烟盒记录试验数据，这个事例太典型了，展览一定要用这个实物。"姚桐斌一向对科研工作一丝不苟，连同事用错一个标点符号都要纠正过来。他主张科研数据应该认真细致地记在专用的本子上，以便与新的数据对比，同时也是发表科研论文的依据。把数据记在烟盒上，显示了粗枝大叶的科研作风，这是不应提倡的反面典型。

1962年8月20日，经过三个星期的精心准备，科研作风专题展览会正式开幕。姚桐斌和他的同事们挑选了770多件最有代表性的实物进行展出，反映了科学研究、技术管理以及技术责任制三个方面的50个先进和落后的典型。

展览会重点表扬了先进集体和个人，并一一介绍了他们的成就。例如，有一位女科技人员，多年来一贯坚持“学习结合工作，在工作中学习”的精神，平均每月收集资料300多篇，并且阅读了其中的261篇，还仔细研读了3篇。在认真钻研的基础上，她写出了5篇质量较高的技术报告，并与另一名研究人员合写了题为《高温导热系数的测定方法》的论文。这篇论文在全国高温测试会议上获得好评，被建议在全国推广。这位科技人员积极学习、潜心钻研的精神，在展览会上被列为大家学习的榜样。

在表扬先进典型的同时，展览会对那些后进的事例也进行了曝光。比如，有的人在课题报告中将0.006%错写成了0.6%，有的人把248千克错写成148千克，还有的人在器材预算时错将2000克折算成25米。展览会一一罗列了诸如此类的不严谨的科研作风和不认真细致的技术操

姚桐斌在科研作风展览会上发言

作的反面例子，给大家敲响了警钟。

航天材料及工艺研究所一位亲身参加这个展览的同事说："做得好的，做得差的，都在里面展示。姚所长是不留情面地、实名实姓地指出了，所以这次展览对我们的教育特别大。"

国防部五院一分院的领导对这次展览很重视。院长刘瑄、副院长周吉一等领导先后来参观。院政治部主任杨亚中、院科技部部长姜延斌等领导也都予以肯定和赞扬，认为这是一种很好的教育形式。此后，分院科技部还组织兄弟单位的领导和科技人员前来参观学习。这次展览会达到了预期的效果。

对材料研究所的科研人员来说，这次展览会，大家眼见为实，亲眼目睹了正反实例，激励全所科技人员认识到了科研和生产中认真细致的重要性。从那以后，全所的科技作风有了明显的改善，大家为让导弹上天的热情和干劲更足了。

这次展览也再次证实了姚桐斌善于利用有效形式和手段，从理论高度和实际效果两方面着手提高科研人员的素质。

在2000年姚桐斌塑像落成之际，航天材料及工艺研究所的一位领导撰文怀念姚桐斌时谈到，该所多年来自始至终把姚桐斌制定的科研工作方法作为行动的纲领。他说："按科研程序办事逐渐成为我所的光荣传统之一，至今盛传不衰。在这一科学规律的指引下，使我所卓有成效地完成了导弹发展所需要的新材料的研究工作，保证了导弹性能和任务进度，我所被院领导评为质量信得过单位之一。"

姚桐斌

——中国航天材料与工艺奠基人

第九章

铸就辉煌

1. 材料先行

“做到今天，准备明天，想到后天”，是姚桐斌为材料研究工作安排的三步棋。他高瞻远瞩地主张材料要预先研究，这一主张遵从了聂荣臻对导弹研制“材料先行”的要求。钱学森也提出：“目前，我们不仅应当考虑现有型号的材料，同时应该开始为新型号的材料做准备。”

姚桐斌生动地以开饭馆的比喻向大家说明预先研究的重要性。他说：“（型号）设计人员好比顾客，他点了一道菜，而你却说，我还不会做呢！我还得去买肉、买菜、养鸡下蛋。这怎么成呢？开饭馆必须事先摸清顾客想吃什么，要事先准备好肉、菜、蛋，事先学会怎么炒菜。这样，顾客点了菜之后，你才能马上拿出来。”

姚桐斌了解到苏联的成功经验是材料工艺研究早于导弹设计三至五年。而在中国，导弹所需的许多材料都从未生产过，因而需要的周期更长，所以要早动手、早准备，开展预先研究。

在姚桐斌的倡导下，全所的材料研究走在了型号研制之前。从1961年到1964年，共确立了500余项研究课题，其中预先研究项目约占一半，许多新材料以及新工艺都在姚桐斌的主持或支持下相继开展起来。据统计，截至20世纪80年代，这些预先研究课题80%都得到了应用，有的很快应用在火箭和导弹的研制中，有的在以后研制的新型号上取得了可喜的成就，不少项目还填补了国内空白，在国际上居于领先地位。据官方报道，在姚桐斌领导下研制成功的科研成果，仍沿用于今日的航天技术中。

两院院士、姚桐斌多年的好友师昌绪，在2007年接受中央电视台“科技人生”节目“中国航天材料与工艺奠基人姚桐斌”时说：“我们的航天材料就目前来说，与国际水平差距不大。不然，我们的嫦娥、神舟五号、神舟六号也很难上去。他虽然没做这些，但他的指导思想是非常正确的。因为研制一种材料，从开始一直到应用，没个十来年，上不去。姚桐斌这个指导思想，和我们现在的思想是完全吻合的。”

姚桐斌是第一代航天人，但他高屋建瓴，在航天材料领域，为中国航天事业的起飞绘制了蓝图，并提供了雄厚的技术储备。他对中国航天事业的突出贡献值得我们后人永远怀念。

2. 发汗材料

姚桐斌的一生光明磊落，胸怀宽广。他在为航天事业奋斗的过程中，遇到了很多困难和阻挠，但仍然一如既往地投入工作。航天工业部一位老部长是这样评价姚桐斌的：“姚桐斌同志的一生可以用四个字来概括，就是‘无私奉献’。他即使在受到不公正批判、受冤屈时，也不闹情绪，照样满腔热情地投入工作。”姚桐斌和他的同事们研制成功为火箭发动机燃烧室降温的“发汗材料”就是一个生动的例子。

火箭发动机的燃料在燃烧过程中，会产生3000摄氏度以上的高温，容易烧坏零部件，引发事故。姚桐斌和他的同事们设计研制的一种“发汗材料”，利用材料本身的分解和气化来吸收大量的热，从而降低火箭发动机的温度（这与人体发汗可使体温降低的机理类似），因此，这种材料被称为“发汗材料”。为此，姚桐斌和他的同事们确立了一项“发汗材料”的科研课题。

由于该科研课题难度大，一时未能见到成果，被某些人嘲笑是“胡子课题”，意为等姚桐斌做了白胡子老爷爷，这项课题也不会出成果。

但姚桐斌坚信自己的主张。在他的支持下，几位工程师仍坚持不懈地进行研究，他们终于成功了。当我国第一枚新型火箭上天时，这种“发汗材料”使火箭发动机燃烧室头部上千摄氏度的高温降到几百摄氏度，同时还提高了比推力，增大了射程。

3. 震惊世界

周恩来总理对国防科研事业十分关心，他曾作过“严肃认真，周到细致，稳妥可靠，万无一失”的十六字指示，成为导弹研制人员的座右铭和工作指导方针。

在党和国家领导人的支持下，1966年，国防科研取得了可喜成果。8月和9月，东风二号甲导弹的鉴定性飞行试验多次成功，随后转入批生产。在此基础上，10月27日，东风二号甲导弹运载核弹头在中国本土试验成功，一举打破了超级大国的核垄断和核讹诈，提高了中国的国际地位，使西方国家关于中国“有弹无枪”的论调不攻自破。当聂荣臻把“两弹结合”试验取得圆满成功的消息向北京报告时，周恩来说：“请你转告科学家们，他们又一次响亮地回答了世界！”12月26日，即毛泽东73岁生日这天，中国新研制的中程导弹首次飞行成功。这是我国独立研制的第一种导弹武器，姚桐斌是这个型号的总冶金师。导弹采用了一系列新技术、新材料和新工艺，并首次应用了材料研究所的钎焊和化铣等技术成果。

4. 唱响宇宙

1970年4月24日，我国第一颗人造地球卫星“东方红一号”发射成功。东方红一号卫星发射成功意义重大，它使我国成为世界上少数依靠自己的力量发射卫星的国家。

在研制东方红一号卫星时，周恩来总理指示要让这颗卫星“看得见，听得到”。为了让全世界人民都能听到中国第一颗卫星的声音，确定卫星播放《东方红》乐曲。

能让全世界听到《东方红》乐曲与姚桐斌和他带领的团队的努力有关，因为他们开展的一项工作使《东方红》乐曲的播放时间大大延长。

在东方红一号卫星制造以前，我国火箭增压系统一直沿用从苏联学来的钢气瓶。钢气瓶虽然性能稳定，但已不适应快速发展的火箭技术的需要。钢气瓶重量14千克，而新材料钛气瓶只有7千克，比钢气瓶轻了一半。早在1960年，姚桐斌就提出研制钛合金，但当时条件十分困

人民群众正在收听东方红一号卫星播放的乐曲

难，我国正值三年自然灾害时期，而钛合金在实验室生产出来的价格高达 3000 多元 1 千克，比黄金还贵很多。

但姚桐斌极力主张研制这一材料，因为他清楚，钛合金性能优越，比强度高，更重要的是，我国钛资源丰富，在今后型号研制过程中，使用钛合金做火箭的组件，不仅对提高部件性能有利，同时可以促进钛合金的生产发展及其生产成本的不断降低。

这项课题的研制目标是制造火箭上使用的球形气瓶。气瓶内装的是高压气体，给推进剂增压，使推进剂系统正常工作。

设计东方红一号卫星时，姚桐斌提出使用钛合金气瓶取代钢气瓶，以减轻火箭质量，增加卫星有效载荷。最初设计时，因载荷质量限制，使用的电池少，寿命较短。在二子级火箭换用了11个钛合金气瓶后，火箭减轻了77千克，卫星装载的电池就可以增加了。

火箭总设计师任新民认为，钛合金稳妥可靠，拍板使用钛合金做火箭的气瓶。这样，《东方红》乐曲的播放时间就大大延长了，宇宙间长久响彻着中国的声音。

《东方红》乐曲能在宇宙唱响，以有效的形式让全世界人民收听这首象征着中国与日俱增的地位的歌曲，与姚桐斌和他的团队为此作出的努力是不可分开的。

姚桐斌

——中国航天材料与工艺奠基人

第十章

亲情难忘

1. 一见钟情

与姚桐斌一样，他的妻子彭洁清也是响应祖国的号召，于 1957 年从美国回国的。她与姚桐斌志同道合，不仅是他的恩爱伴侣，也是他事业上坚实的后盾。姚桐斌去世以后，她尽最大努力宣传他对中国航天事业作出的巨大贡献。她在世时常常说："我要让全中国和全世界的人都知道姚桐斌对中国航天事业作出的贡献。"

彭洁清 1930 年出生于湖南岳阳，父母开一间卖绸布的小店，基本维持温饱。她是家中的老小，继两个哥哥、两个姐姐之后，父母亲晚年得女，因此她从小就颇受宠爱。

1947 年在南京名德女中上学时，彭洁清获奖学金考取了美国圣弗朗西斯学院（College of St. Francis），主修社会学，成为该校第一位来自中国的学生。她随后取得了纽约大学社会学硕士学位，毕业后在 IBM 工作。

回国后，彭洁清曾在中国科技大学教授英

姚桐斌夫人彭洁清

语，后在北京西郊的某大学教书。她的学生大多为在职的进修干部，他们后来都担任了中高级职务，为我国作出了重要贡献。

彭洁清是这样描写她与姚桐斌的相识经过的：在一次留学生的迎春晚会上，姚桐斌身穿深蓝的西服、灰色的裤子走进会场。这位高高瘦瘦、头发浓黑、戴着一副玳瑁眼镜的青年，气质高雅，风度翩翩，立刻引起了彭洁清的注意。姚桐斌也注意到了彭洁清，向她走来，并以西方特有的方式请她跳舞。接下来的晚会上，姚桐斌没有再请别的女士跳舞，一直与彭洁清热情交谈，翩翩起舞。

彭洁清在华盛顿留影

姚桐斌后来告诉彭洁清，说他对她一见钟情，喜欢她的外向性格。

之后，姚桐斌邀请彭洁清到北京东安市场的和平西餐厅，说有重要的事情告诉她。正在彭洁清左思右想时，姚桐斌郑重地说："我是一名中国共产党党员。党的事业高于一切，也高于我们的爱情。"他接着说，"还有，我不能告诉你我从事什么工作，不能透露与我工作的任何事情。"彭洁清笑着点点头，表示理解。姚桐斌非常高兴，他举起酒杯："来，我们干杯！"彭洁清深情地望着姚桐斌说："让我们永远相爱！"

姚桐斌与彭洁清

2. 爱侣良师

回国已经多年了，彭洁清和丈夫不能天天见面，她对他很思念。

姚桐斌送给妻子一套《毛泽东选集》作为礼物，人们不会认为这样的礼物罗曼蒂克，但彭洁清知道丈夫用心良苦，他是希望妻子能认真阅读，以便提高思想觉悟。为了不让丈夫失望，她很认真地读起《毛泽东选集》来。毛主席的文章写得漂亮，文字通俗易懂，逻辑严谨，说服力强，尤其是《纪念白求恩》这篇文章。

虽然彭洁清回国后多数时间从事教学工作，天天站在讲台上上课，但她面对全校同事作学习毛泽东思想“讲用”时，心中仍然很紧张，脸也红了，愣在那里。这时，她想起丈夫说过，作报告时，吐字要清楚，讲话速度要慢，每句讲完后都停顿一下。彭洁清稳定了一下情绪，将自己学习《纪念白求恩》这篇文章的心得，按照提纲，向大家报告。

她说："我虽然人在学校，但心总在家中，天天惦记着爱人和女儿。白求恩不是也有亲人吗？他怎么就能为革命事业放弃祖国舒适的生活及温暖的家庭呢？和白求恩相比，我感到惭愧。我一定要学习他那种毫不利己、专门利人的精神。"

彭洁清将心中所想的，如实向同事们报告，得到大家的好评。

回到家中，她将这些情况告诉了自己的丈夫。姚桐斌很为妻子高兴，鼓励她以白求恩为榜样，继续努力。

姚桐斌既是她的爱侣，又是良师。他对祖国、对党的忠诚，对工作的热忱及他高尚的情操，在他去世多年后，依然萦绕在她的记忆中。

姚桐斌与彭洁清

3. 双喜临门

当姚桐斌正在为导弹急需的材料奔忙时，一件喜事降临到他的头上：他有女儿了。

1958年秋天的一个深夜，姚桐斌还在加班，没有回家，彭洁清在家里突然感到孩子就要降生了。在这紧要关头，她多么希望姚桐斌能够赶快回来呀！可她却无法及时把这个消息通知给不知在哪里忙着的丈夫。平时，姚桐斌自觉遵守“上不告父母，下不传妻儿”的保密规定，不仅在家里绝口不谈自己干什么工作，而且也从来不告诉妻子自己办公室的地址，甚至连办公室的电话号码也不说。眼下，快要临产的彭洁清急需有人帮忙，她只好忍痛去敲邻居家的门。邻居见到这种情况也十分着急，要马上陪她去医院。彭洁清不愿打扰人家休息，只请他们帮忙叫了一辆救护车。

赶到协和医院不久，一阵婴儿的啼哭就划破了夜空。姚桐斌的大女儿姚微明就这样有惊无险地降生了。

第二天，彭洁清醒来后，第一眼看见的竟是一束娇嫩的鲜花，手捧鲜花的姚桐斌正站在床前看着她憨笑。彭洁清心里一阵激动，她知道全北京只有崇文门内有一家鲜花店，真难为他了。

“看见孩子了吗？长得跟你一模一样。”彭洁清说。

姚桐斌一双布满血丝的双眼高兴得眯了起来。他说：“太好了。听人家说，女儿像父亲，长大了一定有福气。”

姚桐斌与妻子彭洁清和大女儿姚微明

一个星期后，彭洁清从医院回到家里。不久，因保姆回南方探亲，她只好自己带孩子。姚桐斌白天工作很忙，夜里本应好好休息，可是他又担心妻子休息不好，每当孩子晚上哭闹时，他总是抢着起床抱起女儿，然后一边轻轻拍着，一边哼着催眠曲:“小宝宝,不要闹,快快睡个觉,快快睡个觉。”

在这首父亲自编的催眠曲中，女儿总是能很快睡着。

1958 年 12 月 27 日，姚桐斌又遇到另一件喜事，解放军总政治部批准了五院政治部的报告，根据这个报告，姚桐斌被定为三级工程师。

4. 海边度假

1960 年，按照上级领导的安排，姚桐斌带着妻子和孩子来到避暑胜地北戴河休假。

夏天的北戴河，海风习习，波光粼粼，这个时节到这里休假是非常惬意的事，放下紧张的工作，到大海中劈波斩浪，可以使身心得到最好的休养。

姚桐斌带全家在北戴河休假

姚桐斌一家被安排在一栋小楼里。小楼四周种植着各种奇花异草，楼前是一条用碎石砌成的小路，一直通向海边。姚桐斌夫妇十分喜欢这个优美的环境，特别是姚桐斌，自 1958 年开始航天材料的研究工作，在两年多的时间里，他一直东奔西走，全身心忙于工作，难得有机会好好休息。现在，在北戴河这个海阔天空的地方，他的身心得到了彻底的放松。他每天都和妻子带着孩子们去沙滩上玩耍。在沙滩上，他接受日光的沐浴，尽情享受着大自然的爱抚；在大海里，他乘风破浪，感受着勇往直前的乐趣。

说是休假，可姚桐斌仍然把很多时间用在学习上。每天从海滨一回到住处，他又埋头于书本。妻子看了嗔怪道："你这是来休假，还是来工作？"姚桐斌解释说："平时所里工作忙，我白天根本没有时间看书，只能在晚上挤点时间，现在难得有这样的清闲，还不多看点书。另外，我还得帮助研究所的一位工程师修改他翻译的一部书稿。"

除姚桐斌以外，钱学森、华罗庚、吴有训、茅以升等专家也在这里度假。一天，姚桐斌在沙滩上意外地遇到了茅以升，自唐山工程学院一别已经十几年，师生二人久别重逢，格外高兴，滔滔不绝地说起学校的往事。

钱学森一家恰巧也在这里休假。一天，两位科学家碰到一起，他们便一同沿着海滨小道散步，就手头的工作和未来的设想，畅聊了很久。

5. 母子情深

回国后不久，姚桐斌带着彭洁清回无锡探望母亲。他们从北京坐了一夜火车，第二天到达无锡。姚桐斌的大哥到车站来接他们，到家后，姚桐斌的母亲从客厅里走出来。她高高瘦瘦的个头，头发整齐地向后梳着，满面笑容地看着他们。

姐姐也从江阴赶来和他们团聚。她一进门就说：“桐弟，你这十年一点也没变。哎呀，你身上穿的毛背心还是我织的呢！”

姚桐斌笑眯眯地说：“我只要穿上这件毛背心，就会想起姐姐在我出国前日夜为我赶织它的情景。”

姐姐还带来一篓螃蟹，席间，她先倒一杯酒，放在一个空的席位上，以此孝敬姚桐斌在国外时求学、工作时过世的父亲姚世晋。

弟弟涌斌结婚后，姚桐斌的母亲从老家赶来为他办喜事，住在姚桐斌家里。姚桐斌太忙

1959 年，姚桐斌在家中阳台与母亲、弟弟、妹妹、妻子及大女儿合影

姚桐斌与母亲、弟弟、妻子在北京颐和园合影

了，很难抽出时间陪老人，只好由彭洁清替他尽孝，陪老人游览北京的名胜古迹。但老人家是小脚，走不了长路，对游园兴致不高，她更愿意呆在家里抱孙女。彭洁清好不容易弄到一些糕点给她，老人家一口也舍不得吃，全喂了孙女。

姚桐斌的母亲不适应北京的天气，不久就返回了南方。她离开北京后，姚桐斌好几天闷闷不乐，觉得自己没有尽到儿子的责任，应该多陪陪母亲，可是他的工作实在忙得离不开啊！彭洁清劝他："你是一个孝顺的儿子，但你的担子很重，妈妈不会怪你的。"

6. 携女钓鱼

在姚桐斌同事们的眼中，他是一位兢兢业业、一丝不苟的科学家。在他的女儿们的记忆中，他是一位爱家庭、爱生活、和蔼可亲的好父亲，只要他一回到家，家里就充满了欢声笑语。他的大女儿姚微明仍然记得父亲带她去钓鱼的事。

一天一大早儿，姚桐斌说要带姚微明去钓鱼，小姑娘高兴极了。姚桐斌抱着她坐在自行车的大梁上，向农村骑去。姚微明从小在城里长大，第一次来到乡下，对一切都感到十分新奇。那是一个春天，地里的小麦刚发芽，树上的叶子也刚长出来，四处一片嫩绿的景色。姚微明把手放在父亲温暖的手背上，春风微微地吹着她的面颊，一路上她快乐地唱着歌。很快，他们就来到了一条小河边。姚桐斌拿出渔具，将鱼钩扔在水里，不一会儿，就钓到了几条小鱼，姚微明赶紧把这些小鱼放在随身带来的塑料口袋里。看着欢乐的女儿，姚桐斌说：“咱

姚桐斌与姚微明

们回家吧！你可以养这几条小鱼了！”

一进家门，姚微明就兴奋地张罗着找个小瓶子把鱼放进去。她猜想鱼一定饿了，赶紧又找了棒子面去喂鱼。她放了不少棒子面，可是过了一会儿，小鱼们就肚皮朝天，撑死了。棒子面喂得太多了！她沮丧极了。

姚桐斌看到女儿这么难过，马上过来安慰她，说下个星期再带她去钓鱼。这次，他们很快又钓到了好几条小鱼。一到家，当女儿又张罗着找棒子面喂鱼时，姚桐斌轻轻地对她说：“这回可不要喂太多了哦！”这次，小鱼们活了很久。姚微明每天放学回家，第一件事就是急急忙忙地去看鱼和喂鱼。鱼儿虽小，却给她带来了无穷的快乐。

那个阳光灿烂的春日已经过去近五十年了，但姚微明时常回想起这件似乎平常然而又温暖人心的事，父亲细腻的情感，对女儿体贴入微的照顾，一直珍藏在她的记忆中。这位为他挚爱的祖国奉献了一切的科学家，也是一位给他的孩子们带来最大快乐的慈父。

7. 小小罗汉

1964年8月，姚桐斌家又添了一口人。因为小女儿出生时有八斤七两重，姚桐斌十分高兴，他笑眯眯地对妻子说："外宾参观时，护士总是抱出我们的女儿，把她举起来以便人家在玻璃外看得清清楚楚，可见我们这个宝贝女儿是多么可爱。她胖得这么可爱，我们叫她小罗汉，好不好？"从此，全家人就叫她小罗汉了。

小罗汉一岁多时，能到处跑了。她头大，走路又快，好像头带着身子走，人未到，头先到，偏偏她又喜欢小步快跑，因此总是摔跤。

小罗汉的长相十分可爱，一笑就露出两颗大门牙，姚桐斌视她为掌上明珠。材料研究所有同事结婚时，姚桐斌必带她一起参加婚礼。姐姐们看着眼馋，便问她："跟屁虫，你跟爸爸干嘛去呀？"小罗汉十分开心能和爸爸一块出去，大脑袋一歪，得意地说："我跟爸爸结婚去呀！"把姚桐斌乐得哈哈大笑。

姚桐斌与小女儿姚晨芳

别看小罗汉只有两岁，本事倒不小，每次参加完婚礼回来，口袋里都装满了糖果。她很大方，分给姐姐们吃。妈妈见了说：“小罗汉，

妈妈不是告诉过你不许吃别人的东西吗？”小家伙倒聪明，她说：“小罗汉问了爸爸，爸爸说这是西糖（喜糖），可以吃。”爸爸当然站在小女儿一边，连连点头。

8. 一张素描

姚桐斌对他和妻子、孩子的聚少离多也同样感到不安。虽然许多年前他同彭洁清谈到他们的婚姻时，就曾对她说过：他一生都会把工作放在首位，希望她不介意。彭洁清也答应他了。可是在现实中，彭洁清还是很想念他。姚桐斌很体谅妻子，只要有可能，就尽量安慰她。

一次，他在外地出差长达46天，就给家里

姚桐斌、彭洁清与姚微明

姚桐斌带大女儿和二女儿在人民大会堂前合影

寄来一封信。彭洁清将信拆开，一张纸飘然落地。孩子们眼疾手快，拾起来一看，原来是一张素描，上面画着一只昂首阔步的大公鸡，站在远处，正在挥翅向一只娇小的母鸡告别，母

姚桐斌全家福

鸡身旁围着三只可爱的小鸡。孩子们在画中急切地寻找自己，“这是我！”“这个是我！”“看，爸爸还戴着眼镜呢！”小罗汉说。小小的一张素描给全家带来了极大的欢乐，彭洁清也稍许得到了一点安慰。

9. 溘然长逝

1968年6月8日，是姚微明终生不会忘记的一天。这一天，父亲永远地离开了她们。

几天前，姚桐斌还兴致勃勃地带领材料研究所的几位主任去空间技术研究院，参加孙家栋主持的防热方案讨论会，一起讨论中国第一颗卫星防热系统的研制方案。

外界的动乱丝毫没有影响姚桐斌的工作，虽然妻子彭洁清和同事们都劝他暂停几天工作，到外地去，但作为一位赤胆忠心的科学家，他唯一惦念的就是工作，就是让中国航天壮大。他曾对妻子说，“文化大革命”结束后，我们还要大干一场。

那天上午，姚桐斌还像往常一样去单位上班，逐字逐句地批改了一份防热材料的文件。妻子也去西郊上班了。中午回家，他和几个孩子一起吃了午饭。姚微明记得，饭后，她在洗手绢时，突然有人大声捶门叫喊，要冲进来，姚桐斌没有开门。过了不知多长时间，这些人下楼了，楼下一片人声喧嚷。这时，父亲对孩子们说：“我下楼去和他们讲理。”他就这样下楼离开了女儿们。只有九岁的姚微明，已经懂得为父亲担心了，但是她只能眼睁睁地看着父亲下了楼。

不知过了多久，姚桐斌家的大门突然被用力打开，姚桐斌被人抬了进来，他已经不省人事了，几个年幼的女儿放声大哭，家里的阿姨把她们领到了另一个房间。她告诉姚微明说，大夫来了，正在医治父亲。姚微明放心了许多，她对自己说，大夫一定会医好父亲的。阿姨不停地去看姚桐斌的治疗情况，每次阿姨回屋，姚微明都会问她，大夫还在吗？在她小小的心灵里，只要大夫还在，父亲就会醒过来，还能带着她去钓鱼，给她们画小鸡。可是，一个多小时后，阿姨流着泪回来告诉她，大夫已经离开了，父亲去世了。

只有九岁的姚微明第一次感到她爱的人离去的悲痛，她也第一次懂得了什么叫回天无力。

父亲离开后，姚微明帮着母亲带着两个妹妹，勇敢坚强地生活着，但她仍时时地想念着父亲。成年以后，姚微明有一次看了一部科幻片，说时间可以倒流，她感动极了，久久不能平静，真希望这是真的。直到今天，姚微明仍记得这部电影。

此次写书，姚微明的初衷是让读者更多地

了解她的父亲，知道他曾是一个有血有肉的人，而对姚微明本人来说，也是一个非常积极的经历。她对父亲不平凡的一生有了更加细致的了解：他坚毅、敬业、忠诚、善良，姚微明感到的是升华，因为在资料查询、在人物探访过程中，父亲姚桐斌的形象更加丰满全面，人格魅力更加具体生动，她心中这段刻骨铭心的伤痛得以逐渐的安抚，她为自己做出出版图书的决定感到由衷的高兴。

亲爱的读者，希望你们在看到姚桐斌的工作和生活的全貌，以及他为中国航天事业作出的成就后，你们能换一个视角去看他。和中国历史上许多民族英雄如岳飞、文天祥一样，姚桐斌高风亮节，为自己的民族和国家的荣誉而捐躯。如果他在天上有灵的话，也会希望全国人民这样记住他。他与同时代为中国航天事业起步作出巨大贡献的其他科学家一样，是中华民族的骄傲。

作为后人，我们要传承他对祖国的一片赤胆忠心、高尚的人格、无私奉献的精神，承上启下，为中国航天事业的强大，为中国的强大，奋力而为。

10. 心心相印

“如果人生能有第二次生命，我相信我先生还会选择回国。我也会伴随他到天涯海角。”彭洁清在清华大学、北京大学等高校作报告时，是这样对同学们说的。

她一生坚强乐观，思路敏捷，举止谈吐优雅，深受同事们及国内外朋友们的尊重和爱戴。她帮助国家引进了不少先进的技术，同样为祖国作出了巨大的贡献。

姚桐斌去世以后，突然失去心心相印的恩爱伴侣，在最初的几年里，彭洁清所受的创伤是难以掩示的。当时大女儿姚微明九岁，二女儿姚丽文八岁，小女儿姚晨芳只有三岁，孩子们年纪小，尚不懂事，无法了解和分担她的痛苦。姚微明曾说，直至她有了自己的家庭，才深深地体会到母亲当年一个人持家是多么不容易。母亲将她们培养成人，恩重如山！

彭洁清含辛茹苦地带大了几个女儿。姚微

明还记得出事之后，她们离开了父亲在北京南部的房子，搬到了北边母亲教书的大学里居住，以方便母亲就近照顾她们。母亲让她们春天养小鸡，小鸡长大后可以下蛋吃，秋天来临时，在家里的凉台上晒豇豆和茄子，冬天放到红烧肉里煮给她们吃。她还请了一位性情温和富有爱心的阿姨，一起悉心地照料几个女儿，全力给女儿们营造一个温暖的家。彭洁清多年的爱护和培养，促使几个女儿成年后都成长为性格坚强、要强上进的人，她们均获得了高等学历，分别成为教育工作者、科学家和工程师。

随着时间的流逝，彭洁清慢慢地乐观起来，结交了许多国内外的朋友。她的朋友里有与她共

2004年，彭洁清与姚微明在美国芝加哥书展合影

事多年的同事，也有历年教过的学生，大小老少皆有。时至今日，大家仍记得这位教书育人有方、热爱学生的“彭老师”。多年来，彭洁清从不曾被生活击垮，一直保持自己优雅的气质和外表，每月必去四联修剪自己喜爱的发式，和她的理发师也结成了好朋友。

彭洁清有一个坚定信念，就是宣传丈夫对中国航天事业的执著和奉献，以及对祖国的挚爱和忠诚。她孜孜不倦地写文章出书，精力充沛地奔走于国内外著名大学宣讲姚桐斌的事迹。姚微明清晰地记得，2004 年母亲在美国芝加哥书展与美国读者热烈讨论她英文版著作《在长城上》的情景。姚微明说，自己能掌握丰富的图片和资料来写作纪念父亲的图书，与母亲及协助单位多年来系统整理出版姚桐斌的生平和事迹是分不开的。

彭洁清与美国出版商谈她的英文著作《在长城上》

彭洁清与美国读者讨论她的英文著作《在长城上》

彭洁清与美国读者合影

母亲的离去使姚微明万分难过，这种思念将伴随着她的一生。但如她喜爱的一首诗写道："只要我活着，为你，我就会与花儿一同歌唱，与鸟儿一同欢笑，与星烁一同祈求；我会永远记得这个世界有多少使你快乐的事物；我将永远记得你教我怎样生活。"

彭洁清在美国乔治梅森大学宣传姚桐斌

彭洁清在清华大学作报告宣传姚桐斌

姚桐斌

中国航天材料与工艺奠基人

第十一章

精神永存

1. 甘当配角

姚桐斌生前常勉励他的同事："梅兰芳演出时是主角，可是演'苏三起解'时还须肖长华演崇公道，两人在台上谁也离不开谁，各有自己的华彩。我们就是要当好型号的配角，演好肖长华的角色，让梅先生担纲的'苏三起解'演好满堂彩。"

1961年春节刚刚过去，姚桐斌把几位技术助理员叫到他的办公室，对他们说："为落实新材料研制工作，国防科委与国家科委一起，今年要抓办几件大事。我们要做好准备，抓住机遇，扎扎实实地为航天材料研制工作打开局面，为新型号当好开路先锋。"

当时国防部第五研究院的工作是"以型号为纲"，材料工作是配角，是服务部门。以姚桐斌对工程技术的深刻理解，他不会看不出来，材料在航天系统是非主流技术，而火箭导弹的设计才是主体。解决材料问题，攻克材料难关，是材料研究室的“本职”，解决不了就是没有完成任务。而在大学、研究院、材料制造厂这些协作单位，新材料是他们的最终产品，一种新材料用在了火箭导弹上是件了不起的大事，立功受奖，光荣之极。

在名利面前，姚桐斌首先是一名中国共产党党员，他时刻以党员的标准严格要求自己，只要中国航天事业能成功，他甘当配角。他的这番话也是对他轰轰烈烈干事业、平平淡淡看人生的光辉写照。

2. 同甘共苦

姚桐斌与他的同事们不仅并肩工作，共同开创了中国航天材料事业，他们也一起同享事业的艰辛与成功的欢乐。

一次，姚桐斌和几位工程师一起到西北地区出差，在火车上，大家热烈地讨论工作，竟然坐过了站。为了不耽误工作日程，他们在茫茫黑夜里，手持木棍，在荒野小路上步行了几十里，才到达目的地。多年后，一位技术人员谈起此事时说，在途中要过一座独木桥，黑灯瞎火的，根本无法行走，他们只好手脚并用爬到对岸。现在回想起这段狼狈的经历，仍然回味无穷。

从表面上看，姚桐斌似乎是一个不苟言笑的人，然而每当研究所举办联欢晚会等的活动时，他也会和大家一起跳舞、扭秧歌。

一次春节晚会上，所里几个调皮的年轻人带头起哄，请姚桐斌表演节目。姚桐斌从一位老工人那里借来一件老羊皮袄，把它翻过来穿上，头上系一块白毛巾，从黑板旁拿起一根教鞭，唱了起来：

达坂城的姑娘辫子长，

两只眼睛真漂亮。

你要想嫁人，不要嫁给别人，一定要嫁给我。

带着你的嫁妆，领着你的妹妹，赶着那马车来。

姚桐斌大喊一声“嘿！”，再把鞭子挥一下，又接着唱：

带着你的嫁妆，领着你的妹妹，赶着那马车来呀！

人们没有料到，平日寡言少语，整日只知工作的所长，竟会当众表演“达坂城的姑娘”。姚桐斌表演结束了，大家还没有反应过来，静寂了好几秒钟后，才热烈鼓掌，欢快地笑起来。姚桐斌的这个节目成了当晚最精彩的一个，他向同事们展现了内心快乐开朗的一面，他很高兴与同事们一起度过欢乐时光，欢庆胜利。

3. 分秒必争

姚桐斌说过：“当我不在工作的时候，我要抓紧分分秒秒时间学习。”

他在国外从事的是金属粘性研究，担任了航天材料及工艺研究所的领导之后，他感到要学的东西太多了，比如火箭知识和火箭结构对材料的要求。他一面工作，一面挤时间学习。上班时，他除了开会、看文件、批阅科研报告，从不闲聊天，一有空闲就看书。无论是在国内或国外，他每到一个地方，一定要去书店和图书馆。

他生前的一位同事回忆说：“在‘八一七’新材料规划会议上，由于会议的焦点是火箭材料问题，姚所长实际上是会议的技术指导和设计师。会前他负责起草和组织报告，提出初步规划项目。会上负责归纳讨论意见，明确研究方向和制订规划项目。可想而知他的负担是非常重的。

“为了节约开支，我和姚桐斌同志住在一

个套间里。我们白天开完会和分组讨论后，晚上姚所长还要召集我们汇报会议讨论情况。会议结束后，他再整理意见，修改会议文件，到最后经常是深夜了，他还要看点技术资料，而后才睡觉。

“他曾经说过，他过去在国外研究与铸造有关的液体金属性质问题，取得了一些成绩，但要承担如此众多和复杂的材料研究工作，特别是尖端材料的长远规划，自己就不得不挤些时间学习，他的这番话，特别是他的实际行动，给我们这些年轻人留下了深刻的印象。”

姚桐斌在家中也是看书，做笔记，忙个不停。他告诉妻子说，有时右手写累了，就用左手顶住右手继续写下去。

2007 年，航天材料及工艺研究所召开追忆姚桐斌座谈会

正是因为有了姚桐斌这一代兢兢业业、忘我奉献的航天人，我国航天事业才能快速起步，并逐渐接近世界航天先进水平。

4. 以身作则

后来活跃在重要岗位上的航天材料及工艺专家，无不赞许当年姚桐斌对他们的言传身教和呕心沥血的培养。这是一位后来被提升为总工程师的科研人员当年亲身经历的故事。

一个星期六，已经是晚上九点多了，这位年轻的科研人员正在实验室里看书学习，这时，忽然传来敲门声，他起身打开房门一看，原来是姚桐斌，于是急忙请他进来。

年轻的科研人员来到研究所快一年了，他虽然在各种大会小会上见过很多次姚桐斌，也多次听过他的报告和讲话，但是面对面地单独在一起还是第一次，所以有些局促不安。

看见年轻人有些紧张的样子，姚桐斌笑了，很随和地与他交谈起来，询问他是哪个学校毕业的，学什么专业，现在做什么课题。年轻人一一回答了姚桐斌的问题。随着交谈的深入，年轻人发现自己紧张的心情已经不知不觉地放松了。

在谈话过程中，姚桐斌环顾了一遍实验室，脸上的表情严肃起来。他看到材料、工具和其他物品摆放得十分凌乱，卫生环境也差，于是说："一个科技工作者应该养成良好的工作作风和习惯。可是你的实验室比较乱，不够整洁，不太文明，不像一个开展研究工作的地方。应该好好整理一下，使它文明、整洁、有序起来。"听到领导批评自己的实验室不整洁，年轻人暗自责怪自己平时没注意这些事情。

正当他不知如何是好时，姚桐斌说："明天正好是星期日，咱们一起把它清理一下。"

第二天早上六点，年轻的科技人员就起床了。他刚到实验室一会儿，姚桐斌也赶到了。话不多说，姚桐斌脱掉西装，就和他忙碌起来。实验室里摆放着几百千克铝锭和镁锭，还有不少中间合金、熔剂，以及许多用来熔炼铸造的工具和模具。两个人一块一块地把铝锭和镁锭一一摆放整齐，又把各种工具重新整理了一遍，最后把实验室打扫得干干净净。

经过一个多小时的紧张清理，实验室原来杂乱的设备和物品全部各就各位。这时，姚桐斌已经累得满头大汗，他看着眼前干干净净、整整齐齐的实验室，脸上露出了灿烂的笑容，满意地对这位年轻科技人员说："这才像个实验室的样子。"

身先士卒，以身作则，这是多好的一位领导啊！望着姚桐斌远去的背影，这位年轻科技人员充满了无限感慨。

5. 百年树人

材料与工艺水准是衡量一个国家基础工业和科技水平的重要标志。时任发动机总设计师任新民曾说过："倘若材料没有保证，再好的设计也是一张废纸。"

先进的设计思想起着主导作用，先进的工艺起着保证作用，而先进材料的应用则是基础。从某种意义上说，材料和工艺水平，决定火箭的技术性能，没有先进的材料和工艺技术做基础，就不可能制造出先进的火箭和导弹。

然而，火箭和导弹的研究与制造，必须依靠相应的科技力量。在当时的条件下，国家在人力上对航天部门给予了巨大的支持，但是航天系统中除了极少数老专家外，整个队伍基本上以新人为主。因此，建立一支既了解设计意图又熟悉材料技术的科技队伍极为重要。在建立这支队伍的过程中，姚桐斌呕心沥血，投入了巨大的精力。在科研方法和科研作风上，他手把手地向青年专业人员传授经验。当时的材料研究室除了姚桐斌外几乎没有老专家，材料及工艺研究所新一代的专家成长都要归功于姚桐斌的悉心培养。比如，他派一批年轻的科技人员到科研第一线锻炼；在所里采用签师徒合同的方法，层层带徒弟，所长带研究室主任或骨干，室主任带下面的研究人员；请国内知名专家来所里讲课；总结一套科研程序，让大家搞科研时有章可循。这支科研队伍后来对设计意图能较好地理解，能把设计要求转换为对材料的合理要求，使材料的仿制与研究少走了很多弯路，大大加快了材料的研制进程，从而满足了设计要求。

姚桐斌铜像揭幕

一位曾在材料研究所与姚桐斌工作多年，后担任航天领域高级职务的专家说，他调离材料研究所担任新的职务后，仍依照姚桐斌提倡的严谨科研作风与方法开展工作和带领同志。他说：“师从姚桐斌所长，使我终身受益。”

像一个园丁悉心管理照料自己的树木花草，姚桐斌对年轻同事倍加爱护。他不仅积极鼓励他们认真搞科研、写论文，一旦他们科研出了成果，他还积极地帮他们大力推广。

以下是他于 1964 年在一位年轻同事撰写的《黑色金属冷磷化工艺研究》报告写上的评语：

这是一篇较好的研究报告，希望能在短期内扩大实验，在生产中对实验数据加以验证，并得到推广。

如可能，请考虑将本文加工成论文形式，字数五六千字，送《研究与学习》。尽可能利用业余时间写，年底前后完成（亦可略推迟）。写时参考一下国内外的论文写法，一切应力求正规。

6. 报效祖国

1963 年 7 月 3 日，姚桐斌率中国代表团赴芬兰赫尔辛基列席国际焊接学会年会，与国际同行们交谈学术问题。一次，有一位外国专家好奇地问姚桐斌：“姚先生，我不明白，你在我们国家工作了那么久，为什么放弃良好的科研条件回到中国？”

姚桐斌毫不迟疑地回答：“我是中国人，当年出国留学，就是为了学成之后回去报效祖国。别看现在中国比较落后，将来一定会强盛起来的。”听完姚桐斌的话，那位专家连连点头，表示佩服。

会议期间，大多数专家都对中国人很友好，但也有个别人发表了不负责任的言论。一次，姚桐斌向组委会索要会议资料，一位工作人员趁机向他提了一些不友好的问题。姚桐斌没有当场反驳他，而是耐心地做了回答和解释。他说：“你提出这样的问题，可能是受了你们国家报刊的影响，而我的回答却是来自我本人的亲眼目睹，事实胜于雄辩，对吧？”姚桐斌地道的英语和实事求是的回答，令那位工作人员折服，他微笑着把资料递给了姚桐斌。

在回国途中，当有人说起这件事时，姚桐斌对大家说：“外国人瞧不起咱们中国人，这是一种偏见。我们一定要争口气，发奋图强，将来用事实回答他们。”

回国后，姚桐斌完成了《国际焊接技术的研究发展动向》一文，并向领导写了一份报告，建议我国科学家应积极和外国科学家联系，多参加一些国际学术会议，以便开阔视野、增长知识。他的建议得到了主管部门的重视，第二年，我国派出了一个代表团，正式参加焊接学会年会。

附录

1. 我所了解的姚桐斌在怀仁中学学习的情况

严符曾

姚桐斌与我都是无锡黄土塘镇人，他比我小一岁，1922 年 9 月出生。在黄土塘小学读书时，他低我一级。1934 年 8 月我小学毕业后，因无力升学，回到小学重读六年级第一学期，两人在一个班上学习。以后我到无锡去学做生意，姚桐斌 1935 年 9 月到无锡县初中学习。1937 年下半年，日寇侵占无锡前，我们都逃回了家乡。

1938 年，地方人士姚今乔、徐熊彬、姚琮三人，为了解决当地青年失学问题，抵制日寇奴化教育，筹设了黄土塘初中补习班，姚桐斌与他们是邻里兄弟，是在读的初中高班生。9 月初，因陋就简，补习班招生开学，第一学期入学学生初一班34人，初三班仅2人，就是姚桐斌、吴人荣。开学后，姚桐斌和吴人荣两人集中精力以自学为主，各科教师给予辅导、答疑，学习效果显著。在一个学期内，两人初三下、高一上的国文、英语、数理化等课程打下了扎实的基础。原初二班的何莘耕同学曾告诉我，他来校住读的第一学期，常看到姚桐斌。现在怀仁中学校史室仍保存着他们两人的学籍材料。

1939年2月，姚桐斌和吴人荣两人去上海租界内新组建的江南联合中学（江南联合中学到1941年12月太平洋战争爆发，日军侵占上海租界后就停办了）读高一下学期，入学不久，这个年级4位功课实在优秀的学生便有“四大金刚”的尊称，全校闻名。该年级级长顾泽南和姚桐斌就是其中的两位。1940年暑期，姚桐斌与同学结伴去内地，到达江西吉安，考进国立十三中学读高三年级。高中毕业会考，他是江西全省个人总分第一，考进已迁入贵州平越的交通大学唐山工程学院矿冶系，1945年大学毕业。

1938年我失业在家，老师动员我去读书。离开学校四年多，1939年2月我又踏进学校读初中一年级下学期。就在1939年，校名改为无锡私立怀仁中学。1941年年底，我与蒋学如结伴逃到内地去，抵达皖南屯溪，进江苏省立临时中学柏树一号教育大队。1942年2月，我编班在高一下学期到瑶溪校本部学习。1944年6月高中毕业，考取暨南大学商学院会计银行学系，9月到达福建建阳入学报到。1945年抗战胜利，学校迁回上海。1947年暑假，在外读书的学生大多回到家乡。由姚桐斌发起组织，怀仁中学校友联谊会于7月20日举行，黄土塘周边校友到会19人，他要我主持会议。大家谈了外出求学的艰辛历程、学习近况，并热烈祝贺姚桐斌荣获公费留学资格；同学们相互勉励，并合影留念。姚桐斌于7月27日在上海公和祥码头乘“海上山猫”号轮船去英国留学。姚桐斌在出国前，亲自组织怀仁中学校友联谊会活动，可见他对

姚桐斌所获的“两弹一星”功勋奖章

在怀仁中学那段时期学习的认同和怀念。

姚桐斌，中共党员。英国伯明翰大学冶金学博士，1957年年底回国。中国航天材料与工艺奠基人。1968年“文化大革命”中被害，后被追认为革命烈士。1999年9月18日，被追授“两弹一星”功勋奖章。

六十五年后，经过调查访问，我写下了姚桐斌中学时代在沦陷区的这段求学经历，以追思纪念。

注：此文系怀仁中学七十年校庆时所作。

作者：严符曾，上海医科大学退休干部。

彭洁清向中国国家博物院捐赠姚桐斌“两弹一星”功勋奖章

2. 我的祖国需要我——姚桐斌西德同事致彭洁清的亲笔信

尊敬的彭夫人：

偶然的机会，我得知您在美国出版了《在长城上（On the Great Wall）》一书。我立即购买了此书。

从 1953 年至 1958 年，我是亚琛工业大学冶金金属材料学院（Giesserei-Institut）的助理教授。我们有六位同事，其中包括姚桐斌。我们是很紧密的朋友。我仍记得桐斌做的关于金属的粘性与熔合的报告，他用略带口音的英文讲的。这么多年来，我仍记得他的声音。

桐斌是我们的好朋友。有时我们一起去工厂出差，也一起参加派对。我记得很清楚，这时我们就会请桐斌唱一首中国歌曲，他总是欣然地答应我们的请求。他常唱的一首歌是“马车夫之歌”。有时，我们请桐斌来家里做客，他就掌勺。直到现在，我仍按照他的菜谱烧菜（大葱炒猪肉丝）。

1957 年，桐斌告诉我们他要回中国了，我们十分惊讶。他告诉我们："我的祖国需要我。"

读了您的书后，我很为桐斌事业的成就和幸福的家庭生活感到高兴。他的去世使我很痛心，我向您及您的女儿们表示我诚挚的同情。

我附上两张照片，其中一张是我们一起开会时在 Stuttgart 电视台照的。在他旁边的是我的妻子。

诚挚的铁得·阿满博士（Dr. Dieter Ammann）

2006 年 4 月 9 日

（来信原文）

April 9, 2006

Dear Mrs. Peng,

By chance I learned about your book, On the Great Wall, and had it sent to me.

I was an assistant professor at Aachen Geisserei-Institute from 1953-1958. We were about a half of dozen of us, among them Tung-ping. So we were very close colleagues. I remember him well. Tung-ping's research on viscosity of metallic melts and the lectures he gave on it (in English with a slight accent which I still have in my ears after so many years).

Furthermore, Tung-ping was a very good friend. Sometimes we would travel together visiting factories, and we had parties together. I remember closely that at some of these occasions we would ask Tung-ping to sing a Chinese song, which he did with pleasure. Among others there was a coachman's song. Occasionally, some of us asked Tung-ping to our homes to have dinner with the families, and Tung-ping would do the cooking. Every now and then, I still cook after his recipe I remember (Pork with a lot of onions).

We were surprised when in 1957, Tung-ping told us he would go back to China. He explained: "My country needs me now."

Reading your book, I was glad for Tung-ping about his professional success and his happy family life. The circumstances of his death moved me deeply. I want to assure you and your daughters of my sincere sympathy.

I enclose two pictures I found which might interest you. One was taken on Stuttagart Television Tower during a convention of the Deutsche Gesellschaft fur Metalljunde in 1956 or 1957. Next to him is my wife.

Sincerely yours,

Dr. Dieter Ammann

9th April,2006

3. 妹妹姚素珠的信

二嫂：

你好！

来信收到。因近日有些感冒，到今天才给你回信，请谅。

关于二哥童年的情况，现把我尚记得的一些写信给你，作参考。

我们家住在原无锡县（今锡山市）东北乡的小镇黄土塘，过去到无锡要坐小轮船，得花半天时间，近年已修成公路，交通十分方便。

父亲姚世晋，年轻时当过长工，帮人种地，家里一穷二白，靠自己辛勤劳动，省吃俭用，买了一两亩地，加上一年养几熟蚕，卖蚕茧积蓄了一点钱养活全家大小。我们的母亲操劳家务，白天黑夜忙于养蚕，一到晚上她的腿总是肿得很厉害。

我父母共生有八个孩子。大姐十八岁那年死于暴病，还有两个姐姐幼年夭折，长大的有五个。姚桐斌是我二哥，生于1922年。大哥姚洪斌生于1919年，三哥姚涌斌生于1928年。

我们的姐姐姚静露生于1916年。我最小，1933年出生。

我们的老家原在黄土塘小街的北面，叫“斜桥里”，很小，只有两间旧房。我的几个哥哥姐姐都是在那里出生的。

二哥的求学之路是一条十分艰辛的路。他上初中时就离开了家，父亲不让他走，也不给他钱。记得母亲在世时曾对我说过，二哥到无锡上初中时，因无钱住宿舍，晚上睡在教室里，受了凉，后来生了一场大病。上高中、上大学，也都靠自己勤工俭学，家里基本不给钱，偶尔通过同镇姚炯章给点接济。

谢谢你对二哥深深的爱。二哥走了，你要为他保重身体。

素珠，3月22日晚

注：姚桐斌妹妹姚素珠原为四川成都某研究院研究员，已去世。

4. 梁思礼的信（节选）

在“文化大革命”时期，七机部两派派系斗争全国闻名。1968 年 6 月 8 日，在南苑一分院发生了大规模武斗。从国外回来的航天材料及工艺研究所所长、很有造诣的材料专家姚桐斌同志被打死了。周总理得知此事后，立即命令对七机部所有的六级以上高级知识分子采取保护措施。二分院地处永定路，办公区是一个封闭的大院，大门口有解放军看守。我们这些被保护的人白天照常上班工作，下班后不准回家，都被集中在图书馆一个封闭角落的几间房子里，统一看管，食宿都在那里，每天由家属送饭。在楼道门口有解放军战士日夜看守，不许任何人入内。

就这样被监护了一个多月，等七机部形势稳定下来后，才允许我们回家，恢复正常生活。

梁思礼

2002 年 12 月 29 日于北京

5. 船长——献给先辈桐斌

四九年的钟声是种呼唤
呼唤着祖国的独立、民主和富强
那肥沃的故土早已饱经风霜
但依旧闪着金子般的光芒
这光芒符合慈母的微笑
这光芒蕴含了对赤子深情的渴望
渴望得到一份辛勤的耕耘
盼望完成一番精心的拓荒

远远地归来一条小船
船头站着我们的船长
戴着一副眼镜
载着满船的理解
他
要给航天事业导航

为了新中国茁壮成长
船长将重任扛在自己的肩膀
为了让祖国伤口不再流血

他使导弹有了威慑的分量
为了让太阳颜色更加明亮
他将空白燃成一片金黄

他的背影凝聚在奠基石上
名字永远是船长
他的技术在汗青中流淌
他的思想在材料王国中穿梭
和卫星一起在宇宙翱翔

今天
我们瞻仰他的塑像
实践他未竟的理想
在这神圣的岗位上
他的灵魂和辉煌在畅想
他的业绩像化石一样长久
他是我们永远的船长

一名年轻的航天科技人员
2002 年 6 月 14 日

6. 与父亲对话

我的父亲离开了我，
在我还不知道怎么与他交谈时。
我仅有的是一张照片，
他拥抱着我，
充满了笑容。

照片里的迎春花，是他为我种的。
它们盛开时，展示艳丽的黄色，
在灰色与寒冷的已去的时日。

深夜里，
当我坐在火边，
想念着变黄了的迎春花。
我记得我在与父亲谈话，聊聊家常。
我的话使他开心地欢笑。
然后我站起来，去捅捅壁炉的火，
火苗在燃烧的木材上又欢跳起来。

Conversation with My Father

My father left me,
before I knew how to talk to him.
All I have is a photo,
He is holding me,
and smiling so broadly,
his face wrinkles.

Those forsythias in the photo,
he planted for me.
They bloom tuffs of yellow,
when days are gong,
gray and cold.

All night long,
while I lie by the fire,
and think of forsythias's yellow.
I remember to talk,
to my father, to catch up,
words that will make him smile.
Then I get up to stoke the flames,
blossoming above the destroyed wood.

注：作者姚晨芳为姚桐斌的小女儿。

姚晨芳为纪念父亲姚桐斌所画

参考书籍与文章

◎ 彭洁清、高智：《航天情：永远的眷念》
◎ 航天材料及工艺研究所：《一片丹心照汗青：姚桐斌中国航天材料工艺奠基人》
◎ 姚桐斌无锡县一中同学王撰至彭洁清亲笔信
◎ 姚桐斌无锡县一中同学裘懋勋至彭洁清亲笔信
◎ 姚桐斌无锡县一中同学杨宗熙至彭洁清亲笔信
◎ 中央电视台“科技人生”节目《中国航天材料与工艺奠基人：姚桐斌》
◎ 萧希龄根据部分师长和校友提供的及座谈整理国立十三中校史（此文已刊吉安市文史资料第二辑）
◎ 周万盛：《怀念我国航天材料及工艺技术专家姚桐斌同志》，1991 年 12 月
◎ 朱福臣：《怀念材料及工艺研究所奠基人姚桐斌烈士》
◎ 赵菁至彭洁清亲笔信“关于姚桐斌同志的一点回忆”，2002 年 12 月 29 日
◎ 钱江：《我国航天材料工艺的奠基人：姚桐斌》
◎ 姜延斌至彭洁清亲笔信
◎ 无锡电视台“发现”节目：《“两弹一星”元勋姚桐斌》

◎《首个航天日特别报道：让中国卫星翱翔》，摘自《文汇报》，2016 年 4 月 21 日

◎ 严符曾：《我所了解的姚桐斌在怀仁中学学习的情况》

◎ 德国铁得·阿满至彭洁清亲笔信

◎ 姚素珠至彭洁清亲笔信

◎ 梁思礼至彭洁清亲笔信

◎ 姚晨芳诗

◎ 姚敏苏博文：故乡的老屋